中1ギャップを防ぎ,
心理的安全性を高める
戦略・戦術

中1担任の学級経営

瀬戸山千穂［著］
Setoyama Chiho

明治図書

はじめに

「学級経営はね、学級の文化をつくるんだよ」

15年ほど前、附属小時代に一緒に学年を組んでいた先生の言葉です。筑波大学附属小学校の算数部のある先生から学んでいた方で、当時のわたしが憧れてやまない学級をつくっていました。校種は異なりますが、今のわたしの学級づくりの主軸はこのときにできたように思います。

文化をつくる、という言葉には様々な要素が含まれています。
安定した生活とメンバーとの関係性。
価値観やルールに対する共通理解。
集団や個で目指す方向性。
メンバーだからわかる共通言語。
集団の雰囲気を含めた、物理的な環境。

これらを問い直し、理論と実践を往還させながら生徒の姿を通してまとめたのが本書です。

英語で文化を示す「culture」は「耕す」という意味を含みます。学級文化は学級を耕すこと。学級を耕すとは、すなわち人を耕すということです。一人ひとりの心を耕す、人同士のつながりを耕す、生徒を支える家庭と一体となって耕す。鍬《くわ》と鋤《すき》で田畑を掘り起こすと土壌が豊かになり作物が実るように、学級という土壌を耕すことで出会った頃は想像もできなかった生徒たちの姿や成長が見えることを実感しています。

第1章は学級をつくるうえでの「当たり前」となっている文化を見直し、学級の土壌づくりについて書きました。学校の「そもそも」を見直したい方はぜひお読みください。

第2章は学級開きに特化した具体的な実践をまとめました。年間通して実践できることや4月からの種まきについて書いてあります。一つひとつは小さな実践ですが、日々の積み重ねで大きな成果をもたらす活動を集めました。

第3章は1年間の流れに沿った具体的な実践を書きました。できるだけ活用しやすいように順序も考えて載せてあります。

第4章・第5章は学級文化を醸成する場である「授業づくり」「生徒指導」の二軸に焦点を当てて書きました。多様な生徒が同じ教室で学ぶ・さまざまな考えをもつ先生方とともに生徒を育てるという公立中学校の実態を基に、実現可能性を考慮した内容となっています。

第4章は、わたしの専門教科である理科を例に挙げながら、どのような教科でも応用できる単元デザインや活動、技術をまとめました。自由進度学習に憧れるが現実的に難しい、生徒の自由度を上げたいが学習規律が気になる、授業で生徒からの発話が少なく対話が進まない、等のお悩みをお持ちの方におすすめです。

第5章は、生徒と接するうえで特に配慮している内容をまとめました。おもしろい話ができなくても、キャラが突き抜けていなくても、教師の眼差しと働きかけ次第で生徒は心を開いてくれます。

第6章は、今多くの方々が苦労されているときく保護者対応です。わたしはありがたいことに、多くの保護者の方々と良好な関係を築かせてもらってきました。この章に関しては無自覚な部分も多かったため、周りの先生方に言語化してもらいながら書きました。すべてわかり合うことは難しいことを前提に、でも希望をもてるようにまとめています。先生方の悩みに寄り添い、心を軽くする一助となれたら幸いです。

すべて、生徒の実態に応じて合うものと合わないものがあると思いますので、網羅して実施するというよりも、生徒の実態に応じてカスタマイズすることをおすすめします。

豊かな文化の中には、網の目のような人々のつながりと対話があります。実体のないつながりの中で承認されることに居場所を求めてしまう社会だから、リアルなつながりの中で認め合い、愛され、満たされる経験を積み重ねてほしいと切に思います。経験格差という言葉が示すように、生まれた場所や環境によって人生が大きく左右される現代だからこそ、豊かなつながりの中に広がる学級という小さな社会に、大きな価値があると考えています。

本書が生徒たちと先生方のつながりと幸せをつくるきっかけとなれたら、これほど嬉しいことはありません。

2025年1月　　瀬戸山千穂

目次

第1章 中1担任のマインドセット

第2章 中1ギャップを防ぐ学級開き

第3章 心理的安全性を高める学級づくり

第4章 安心して学び合える授業づくりの勘所

第5章 生徒の心が安定する生徒指導の勘所

第6章 学級指導を最大化する保護者との関係づくり

第1章
中1担任の
マインドセット

中1ギャップの正体を探る

「中1ギャップ」は本当にあるのか

みなさんは「中1ギャップ」という言葉を聞いたことがありますか。

これは、文科省から発信された言葉ではありません。2000年代序盤、新潟のある教育委員会の会議で、指導主事の方が「どうしてここにギャップができちゃうのかね」とつぶやいたことに由来しているそうです。

中1ギャップが初めて調査研究の対象とされたのは2003年。当時指導主事だった上野昌弘氏は、新潟県義務教育課指導主事として「中1ギャップ解消調査研究事業」の統括を担当し、調査を進めました。そこで現象として認められたのが、小6〜中1間の「不登校の顕著な増加」「いじめ件数の顕著な増加」です。

ただ、「本当にギャップはあるのか？」という懐疑的な見方もあります。次ページ上部のグラフは令和2～4年度における不登校生徒数の推移（※1）を示したものですが、中1の増加率と中2の増加率に大きな差異はみられません。平成26年に文科省の国立教育政策研究所が出している資料には「ギャップを創りだしているのも、それを埋めることができるのも教職員」と記されています。ギャップがあることを前提とするのではなく、「もしギャップがあるとしたら」と子どもの姿をよく見て判断し、集団や個に対する支援をすることが大切です。

草野（※2）は、中学校への移行期に子どもたちが感じる不安の要因を以下のように分類しています。

（1）学習（制度）に起因する不安
（2）社会的な環境に起因する不安
（3）身体変化や心理的な不安に起因する不安

この分類を基にわたしが作成したのが、次ページ下部の一覧表です。

小・中学校における不登校の状況について

学年別不登校児童生徒数

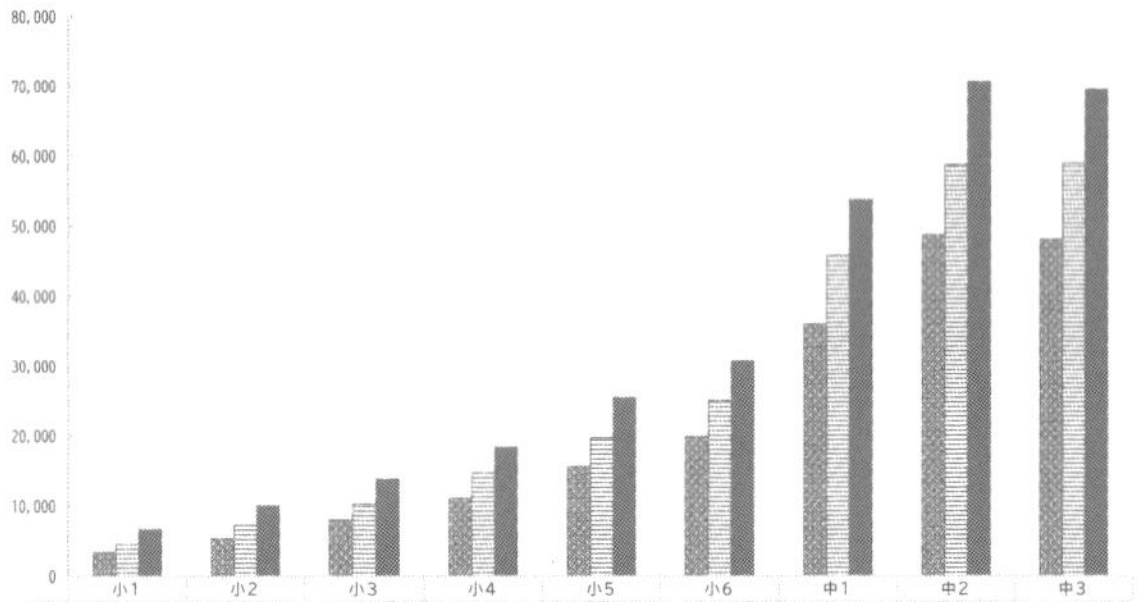

	小1	小2	小3	小4	小5	小6	中1	中2	中3
R2	3,395	5,335	8,028	11,108	15,603	19,881	35,998	48,723	48,056
R3	4,534	7,269	10,289	14,712	19,690	25,004	45,778	58,740	58,924
R4	6,668	10,047	13,823	18,373	25,430	30,771	53,770	70,622	69,544

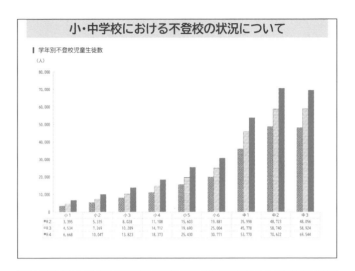

(1) 学習（制度）に起因する不安
①教科担任制による進度や学習の進め方の変化
②学習内容の難しさ
③進路に関する見通し
(2) 社会的な環境に起因する不安
①教科担任制による多くの先生との関わり
②複数学校の文化や習慣の変化
③学級や部活などの新たな人間関係・上下関係
④制服や校則、社会からの見られ方の変化
(3) 身体変化や心理的な不安に起因する不安
①思春期による体や心の変化

前述の「中1ギャップ解消調査事業」ではアンケートに基づき、中1で不登校になる生徒の傾向を以下のように分析しました。

A　支え対象喪失　　B　関係づくりスキル不足　　C　関係維持スキル不足
D　課題解決困難　　E　アピール機会喪失

わたしの経験上、小規模の小学校を卒業し、中～大規模の中学校に入学した生徒の方が不登校傾向になる割合が高いように感じます。これらのA～Eの生徒の傾向は独立して存在するのではありません。新たな環境でも自ら関係をつくるために必要なBやC、課題の解決に向けて相談する選択肢の少なさから生じるD、自分を知ってもらう機会が少なくなることで起こるE、これらによる孤独感から生じるAと、関連しながら起こるものです。

令和4年12月に告示された生徒指導提要（※3）では、課題を未然防止するプロアクティブな指導が強調されています。生徒指導は事前指導です。何がきっかけで学校への行きにくさが生じるか事前に知ることで、その生徒のしんどさや辛さに寄り添いながら、すべての生徒たちにとって安心で安全に学べる場所をつくることができます。

【中学校】

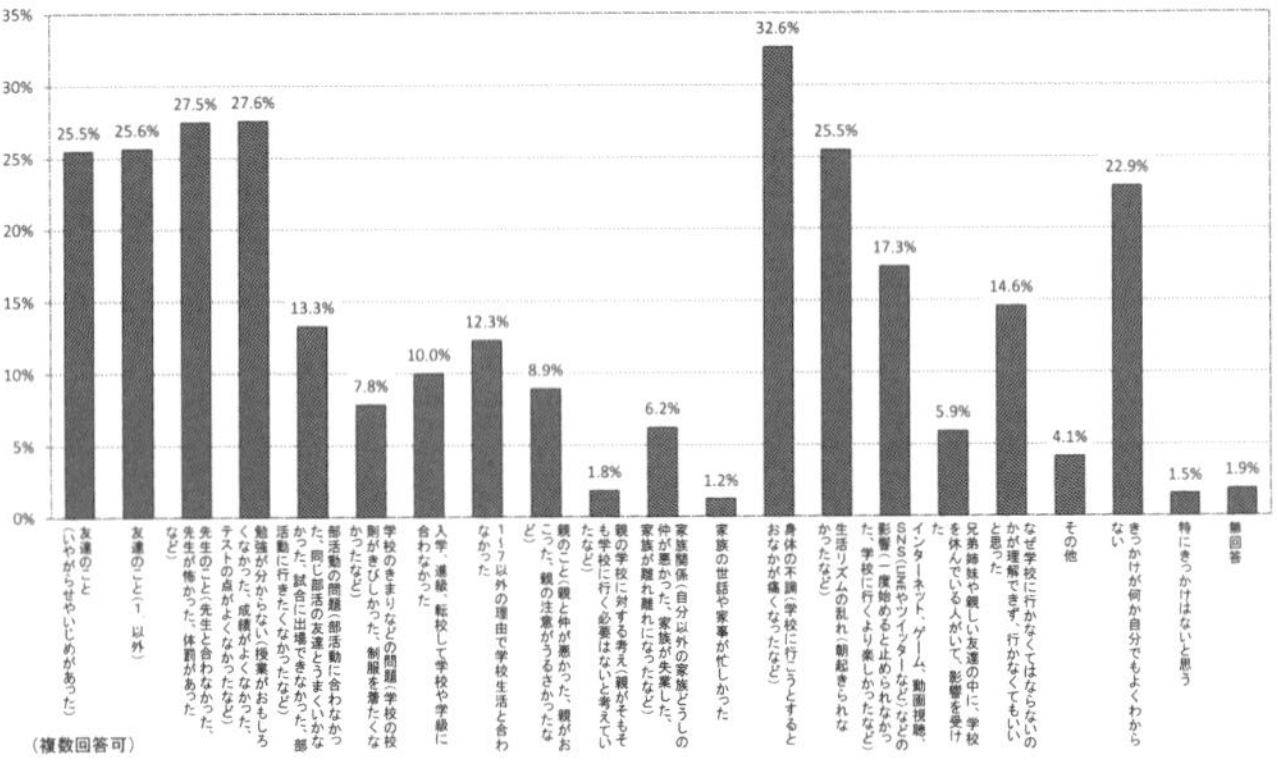

（複数回答可）

中学生の「きっかけ」は身体症状から

上の図は、令和2年度文科省調査（※4）における、学校に行きにくいと感じた最初のきっかけを分析したグラフです。3割以上の生徒が身体症状を理由にしていますが、心と身体はつながっていますので、この身体症状は心に起因していると考えてもよいでしょう。グラフの数値をよく見ると、行きにくさの原因は1つではなく、友達のこと、勉強のわからなさ、教科によって先生が替わるなどの複数の要因が絡み合っていると推測できます。

たとえ発熱などの理由でも、2日続けて学校を休んだら要注意です。休むことへの精神的なハードルが下がると、生活リズムが乱れてさらに学校への行きにくさが生じます。

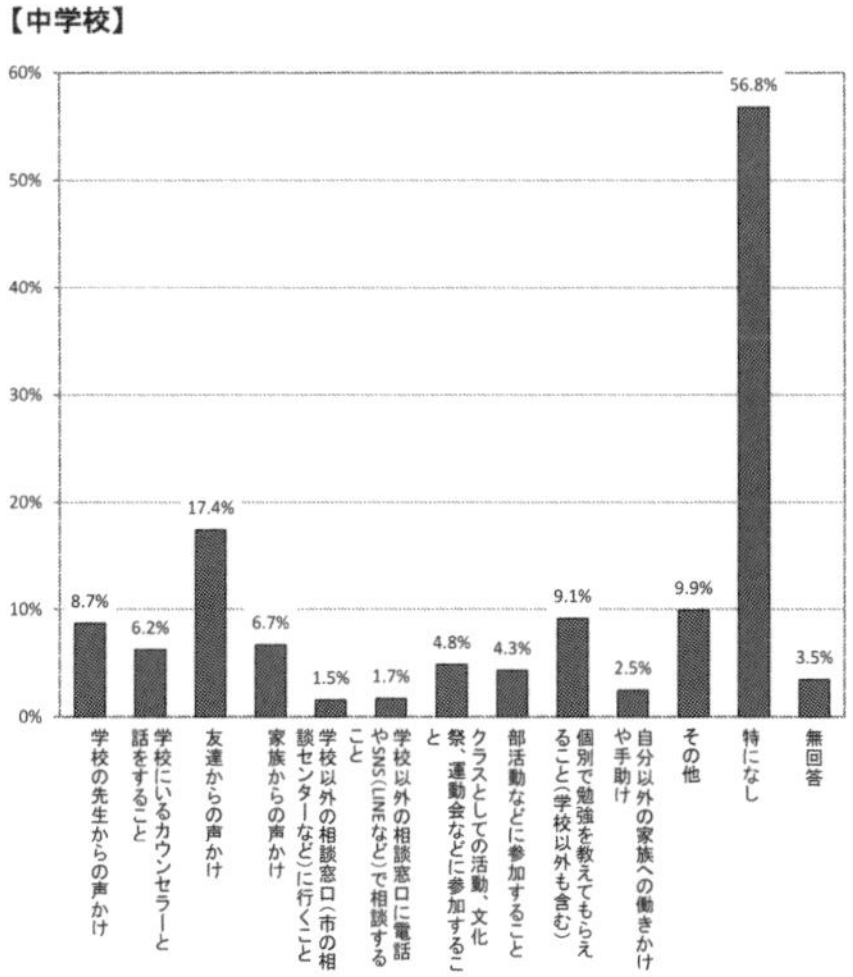

上の図は「休みたいと感じてから実際に休み始めるまでの間に、どのようなことがあれば休まなかったと思うか」という設問に対する回答をまとめたグラフです（※4）。「特になし」の多さから、生徒自身の支援に対するニーズの低さが指摘されています。周囲の大人が生徒の心の漠然とした不安に気づきよりよい環境をつくれるか、つまり生徒の心理的安全性を保てるかが、生徒の学びと生活を保障する鍵となるのです。

【参考・引用文献】

（※1）文部科学省（2023）「児童生徒の問題行動・不登校等生徒指導上の諸課題に関する調査結果」
（※2）草野剛（2024）「月刊学校教育相談2024年3月号」（ほんの森出版）
（※3）文部科学省（2022）「生徒指導提要」
（※4）文部科学省（2020）「令和2年度不登校児童生徒の実態調査 結果の概要」

生徒をみる解像度を上げる

学級づくりは1人の生徒との関係を深めるところから

「学級づくり」と聞くと、いかに集団を機能させるかというシステムの部分に目が向きがちですが、基本は1対1の関係性です。集団としての機能を高めながら個の関係を築いていきます。生徒と教師の信頼関係が、生徒の心理的安全性の基盤となります。

生徒と1対1の関係を築くうえで、わたしが大切にしているのは、**今の言動から、生徒の真の思いや取り巻く環境、過去を想像する**ことです。

目の前の姿だけで判断せず、今を基にその言動に至るまでの過程を想像するのです。

生徒をみる解像度を上げる

上の写真は、我が子たちが小さかった頃の様子です。何をしていると思いますか？　一見「2人で遊んでいる」ように見えますが、もう少し解像度を上げてみます。

大きい子どもに焦点を当てて見てみると、この子の視線はまっすぐ赤ちゃんに向いています。

「赤ちゃんをなでると赤ちゃんが喜んでくれる」

「赤ちゃんをなでるとママも喜んでくれる」

そのように感じているかもしれません。

口元を見てみましょう。笑みを浮かべています。

「なでると何だかわたしも嬉しい」そのような互恵的な喜びを感じているかもしれません。

中国の古書、論語にこんな言葉があります。

物事をみる目「見・視・観・察」

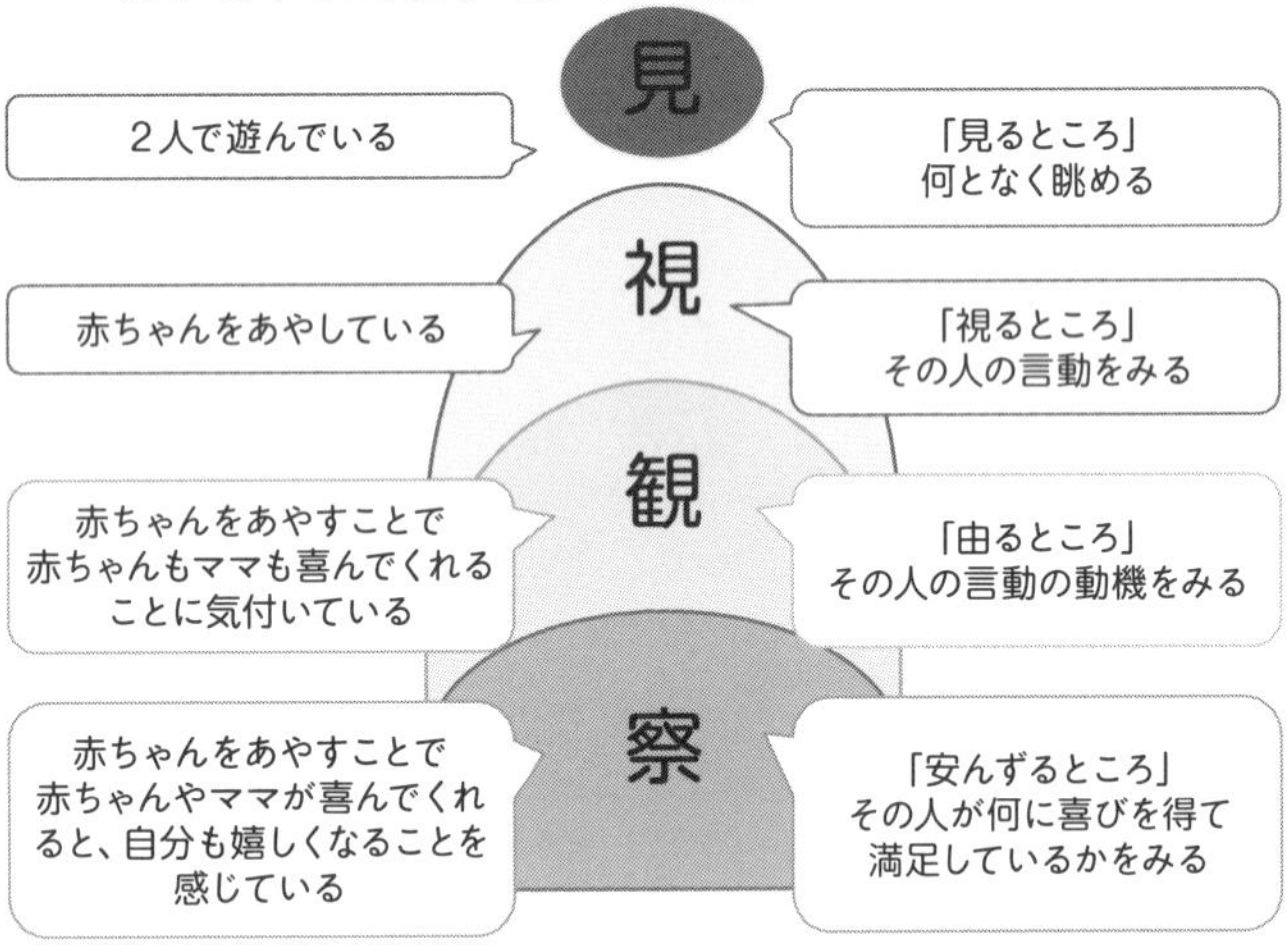
見
2人で遊んでいる
「見るところ」
何となく眺める
視
赤ちゃんをあやしている
「視るところ」
その人の言動をみる
観
赤ちゃんをあやすことで
赤ちゃんもママも喜んでくれる
ことに気付いている
「由るところ」
その人の言動の動機をみる
察
赤ちゃんをあやすことで
赤ちゃんやママが喜んでくれ
ると、自分も嬉しくなることを
感じている
「安んずるところ」
その人が何に喜びを得て
満足しているかをみる

其の為す所を視、其の由《よ》る所を観、其の安んずる所を察すれば、人焉《いずく》んぞ隠くさんや、人焉《いずく》んぞ隠くさんや。

上の図は、この言葉を図解したものです。

「見」はぼーっと眺めている状態、「視」は言動をみることです。AさんとBさんがおしゃべりをしている、などは「視る」状態です。

「観」は言動の由るところ、言動の理由を観ることです。「どうしたの？」等の言葉は相手を「観る」ことで生まれます。

「察」は安んずるところ、つまりその人の考えの根拠となる生活や生き方まで見抜くということです。その生徒の育った環境や生活、大切にしていること、保護者との関係など、背景にあるものも踏まえて生徒をみます。不思議なことに、生徒の背景をみようとするほど、一見問題と思える行動を起こしている生徒をみる目が柔らかくなります。乱暴な言葉遣いをしている生徒をみても、こんな見方ができるようになります。

「普段から、周りの大人にそんな言葉を投げられて傷ついているのかもしれない」
「そんな言葉遣いをしないと自分を見てもらえないと思っているのではないか」
「心の弱さを隠そうとしているのかもしれない」

見方が変わると、生徒にかける言葉も変わります。命に関する問題でなければ、「何があったの？」「事情教えてくれる？」等と、生徒を「観る」視点で、生徒の真の思いに寄り添った言葉をかけられるようになります。

生徒の考えや事情を知ろうとすることは、生徒自身を大切にすることです。自分のことを心から考えてくれる、心配してくれる人に、人は心を開くものです。１対１のよい関係は、生徒との温かい関わりの積み重ねによってつくられていくのです。

【参考文献】

・渋沢栄一（２００８）『論語と算盤』（角川ソフィア文庫）pp.29-30

「何を育てているか」を意識する

一つひとつの活動に意味を見出す

多くの学校では、1日の時程や活動内容は統一されています。ただ、活動の目的が共有されていることは多くありません。どのような生徒を育てたいか、どのような姿で卒業してほしいかというゴールイメージをもつことが大切です。常時活動に意味と価値をもたせ、教師自身が目的意識をもって活動することが、生徒の成長の大きな鍵となります。

常時活動のマインドチェンジ

次ページの表は、わたしが勤務する学校の常時活動の一覧です。常時活動で大切なのは、

	活動内容	生徒の目的
朝の会	朝の挨拶 係からの連絡 スピーチ・先生の話	1日の見通しをもつ 友達の世界を知る
給食	テーマをもとに 食を共にしながら話す	互いの世界を知る クラス全体で対話する
掃除	自分たちが使った場所を きれいにする	友達と協力して 生活の場を整える
帰りの会	黙想 教科連絡 先生の話	今日できたことを振り返り 明日への期待をもつ

特別な活動をすることではなく「なぜこの活動があるのか」「どのような力をつけるのか」を生徒たちとともに考え、共有しながら自分を高める習慣をつくることです。

給食、掃除などの常時活動の多くは、小学校で経験しています。しかし、目的を意識しているとは限りません。同じ活動を行っていても目的意識が異なる（または目的がわからない）生徒が必ずいます。機会があるごとに活動の一つひとつの意味を掘り下げて、生徒とともに考えていきたいものです。これらの取組には即効性は期待できませんが、日々の活動を通して「活動への見方を変える」ことが大切です。

道徳や学活の時間を活用する

常時活動と同様に大切なのが学校行事です。しかし活動の意味を考える時間を十分に確保するのが難しいのが現状です。

中学校では担任裁量の時間はほとんどありません。

そこで活用したいのが、道徳や学活の時間です。特に道徳の時間は、生徒の価値観を基に人間について語り合える絶好の機会です。教科書をなぞる授業ではもったいない。何気なく行う活動の意味についても、生徒たちと語り合いたいものです。

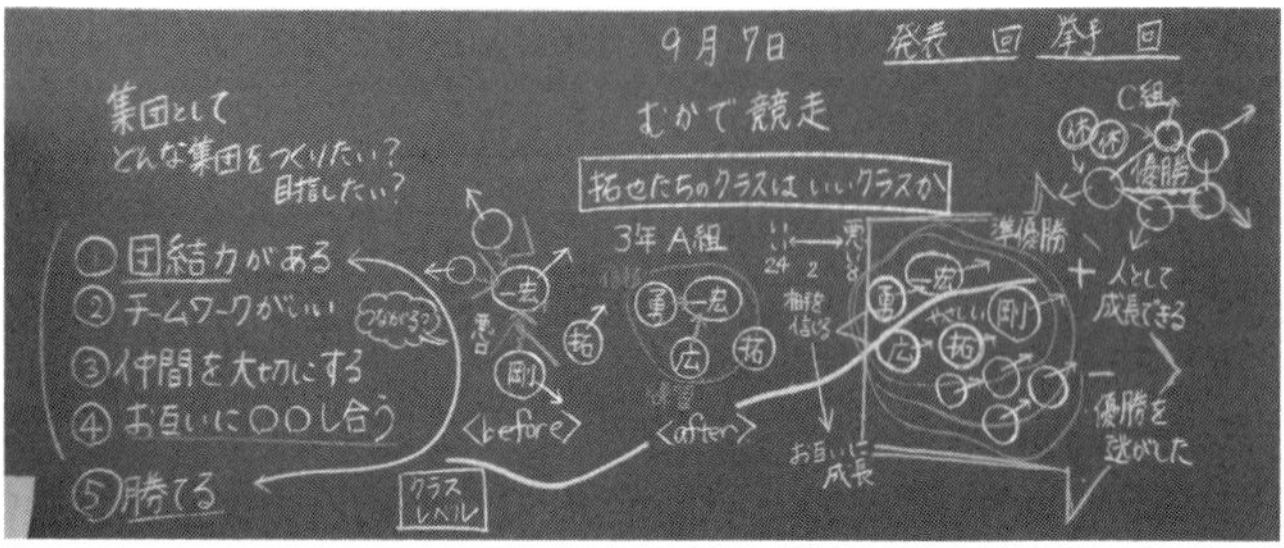

学校行事のマインドセットの例

上の板書は体育大会3週間前に実施した道徳の板書です。もう10年も前ですが、はっきりと覚えている授業の1つです。内容項目は「集団生活の充実」、体育大会を通して育まれる集団の在り方について話し合いました。ここで議論の中心となったのは「勝利を優先するか、仲間の成長を優先するか」。走力が問われるむかで競走で、運動が苦手で練習に後ろ向きな一宏くんをチームに入れることの意味について話し合いました。Hさんは、本人が参

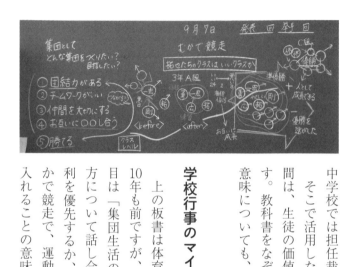

加したくないなら休ませてよいのではないかと言い、Ｙさんはそれで勝てても嬉しくないと議論が白熱しました。その中で、Ａさんがこんなことを言ったのです。「もし苦手な一宏さんを休ませて勝ったとしたら、このクラスは体育大会が終わったらそれで終わると思います」と。Ｋさんが続けます。「全員が競技に参加したクラスだから、体育大会をきっかけにこれから伸びるクラスになると思う。だから、ここで勝てなくても次の行事では勝てるし仲良くなれると思うな」

生徒の言葉に震えました。大切なのは勝つことや一緒に練習することではなく、体育大会という行事の先を見据えた集団としての成長を目指すこと。道徳の授業をきっかけに、これがクラスの新たな指針となりました。授業後の生徒たちの行動力は凄まじく、自分たちで計画を立てて練習を重ね、体育大会当日は何と総合優勝してしまいました。

常時活動も学校行事でも、意味や価値を見出さなければ何となく過ぎてしまいます。一つひとつの活動を生徒の成長の機会と捉え、道徳や学活も関連させながら意味や価値を語り合いましょう。マインドチェンジとマインドセットを積み重ねることで、生徒たちのものをみる目が少しずつ変わってくるはずです。

見取りの偏りと癖を自覚する

全員を見ようとすると誰も見えない

担任の多くは、毎日30〜40人近くの生徒を見て指導をします。名前を覚えるまでは苦労するかもしれませんが、1週間もすると何となく生徒たちが見えるようになったと錯覚するものです。しかし、一人ひとりを深く知ることは、実は簡単ではありません。特に生徒が見えていないことを突きつけられるのは、学期末の所見を書くときでしょう。

「あれ、この生徒は何係だったかな。グループの話し合いでは発言していたかな」

ぼんやりとなかなか思い出せない生徒がいるということは、教師の見方に偏りがあるということです。教師の偏った見え方は不安を生む原因になります。生徒たちの心理的安全性を保つためには、自分が見えていない部分があることを自覚することが大切です。

カルテで見方の癖を自覚する

自分の見方の癖に気づくためには、生徒たちの姿を具体的に記録し継続して蓄積することが必要です。教師が生徒をみる手立てとして、上田（１９７７）はカルテを取り上げ、着眼点として①**おやっと感じたこと** ②**やっぱりそうだと思うこと** ③**この子にとって書いておいた方がいいこと**、の３点を挙げています（※）。わたしはこの考え方を参考に、Googleフォームで生徒たちの日常や授業での様子を記録しています。やることは非常にシンプル。出席番号と見取った場面を選び、その様子を打ち込んで送信するだけです。

データはスプレッドシートに蓄積されます。出席番号でソートをかければ誰が見取れていないか一目でわかり、特定の時期のデータが必要なときはタイムスタンプでソートをかければすぐに取り出せます。道徳や行事など、項目でソートをかければ所見にも活用できます。全員を平等に見続けるのは難しさがあるので、ある程度自分の見方の偏りがわかったら、数人に絞って周囲の生徒との関わりを記録していくと、生徒同士のつながりがわかり、学級全体が立体的に見えるようになります。

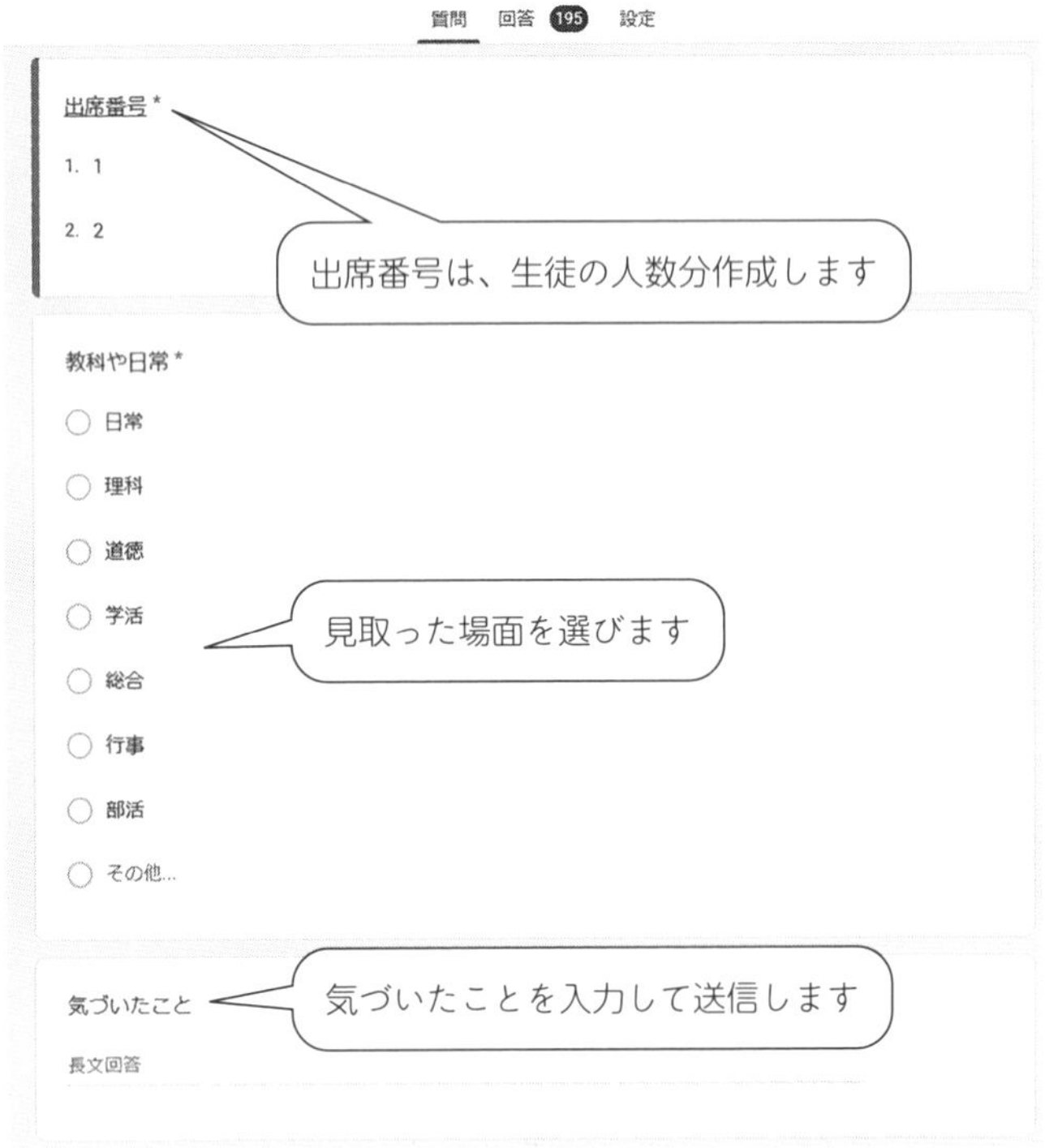
質問　回答 195　設定
出席番号 *
1. 1
2. 2
出席番号は、生徒の人数分作成します
教科や日常 *
日常
理科
道徳
学活
総合
行事
部活
その他…
見取った場面を選びます
気づいたこと
長文回答
気づいたことを入力して送信します

※こちらの二次元コードから実際の
　フォームを確認できます
※回答はしないでください

その日のターゲットを決めて意識的に会話する

自分の見え方の癖がわかると、普段の生徒との関わりも変わってきます。例えば「静かないい生徒」との関わりが少ない傾向があったら、朝の会のあとや昼休みなどに意識的に声をかけます。部活に入っていない生徒や友達同士の関係が希薄な生徒は「○○さんと△△さん、授業で使う荷物、一緒に持ってくれる？」などのお願いをして、誰かと関わりながら生活できるような手立てを講じることもできます。趣味や好きな有名人などが被っている生徒がいる場合は、2人にさりげなく話しかけて話題を提供します。生徒の趣味や嗜好は、入学式後の自己紹介や生活ノートを基にリサーチするとよいでしょう。

いずれにしても「わたしはあなたのことがもっと知りたい」というメッセージを継続的に発信することが大切です。内面を継続的に見ることを心がけて生徒たちと接すると、生徒を見る目だけではなく人を見る目も磨けますよ。

【参考文献】

（※）上田薫／静岡市立安東小学校著（1977）『どの子も生きよ―カルテと座席表から「全体のけしき」まで―』（明治図書）p.39

生活ノートを活用する

1対1で対話する場をつくる

多くの学校で生徒を知るために活用しているのが、生活ノートです。様々なタイプがありますが、生徒が自分で発信する場があることは共通しています。主たる目的は、悩みを伝えやすくし、いじめを早い時期に発見することです。わたしはそれだけではなく、以下の目的としても活用しています。

①生徒の生活や好みを知る　②毎日、全員との対話の場をつくる
③「あなたをみている」メッセージを送り、認める場をつくる

伝説の教師と呼ばれている鈴木惠子先生の、子どもを育てる手立ての1つが、当時の生活ノートの赤ペン（※1）であると聞き、生活ノートは生徒を育てる鍵だと確信しました。担任が1日教室にいる小学校と異なり、中学校の担任は生徒と1対1で話す機会をつくるのが難しい現状があります。担当教科によっては、週に一度しか授業がなく道徳や学活、総合を加えても週4時間しか関われません。気になる生徒への声かけやトラブル解消の時間も必要です。学級全員の生徒たちと毎日対話することは不可能といってよいでしょう。1対1の関係をじっくり醸成できる場の1つが、この生活ノートなのです。

「書いて」ではなく「教えて？」

生活ノートを配ると、「書くことがない」という生徒がいます。書くこと自体が嫌いな生徒もいるでしょう。そのような場合、わたしはこのように話しています。

「あなたのことをわたしはまだよくわかっていないと思うから、知りたいんだよね。好きなことや得意なこと、その日にあった嬉しかったことや大変だったこと、あなたのことをもっと教えてくれる？」

「書きましょう」ではなく「教えてくれる？」とお願いすることで、生活ノートを書いてくれる生徒はかなり増えます。この伝え方はスキルというよりわたしの本音です。生徒のことを知り、生徒の生活を知ること自体が楽しいのです。学校で見せる一面的な「その子」ではない部分も見えて、より多面的に生徒が見えるようになります。そして知れば知るほど、生徒が大切に、愛しく思えてきます。4月から継続して粘り強く声をかけ、書くことを習慣にしていくと、生徒自身が1日を振り返る習慣にもつながります。

何をコメントするか

コメントの内容も重要です。1日1～2時間程度ある空き時間を活用してコメントを返します。ポイントは、持続可能な量をコメントすること。その日の空き時間が少ないときは無理せずにシンプルな言葉を、空き時間が多い日は少し長めに返事を書きます。1週間に一回は生徒の名前を入れた返事を書くこと、生徒が活躍したタイミングでフィードバックを入れること、ほめたり認めたりする場面をつくることを意識しています。具体的なコメントを次ページに示します。

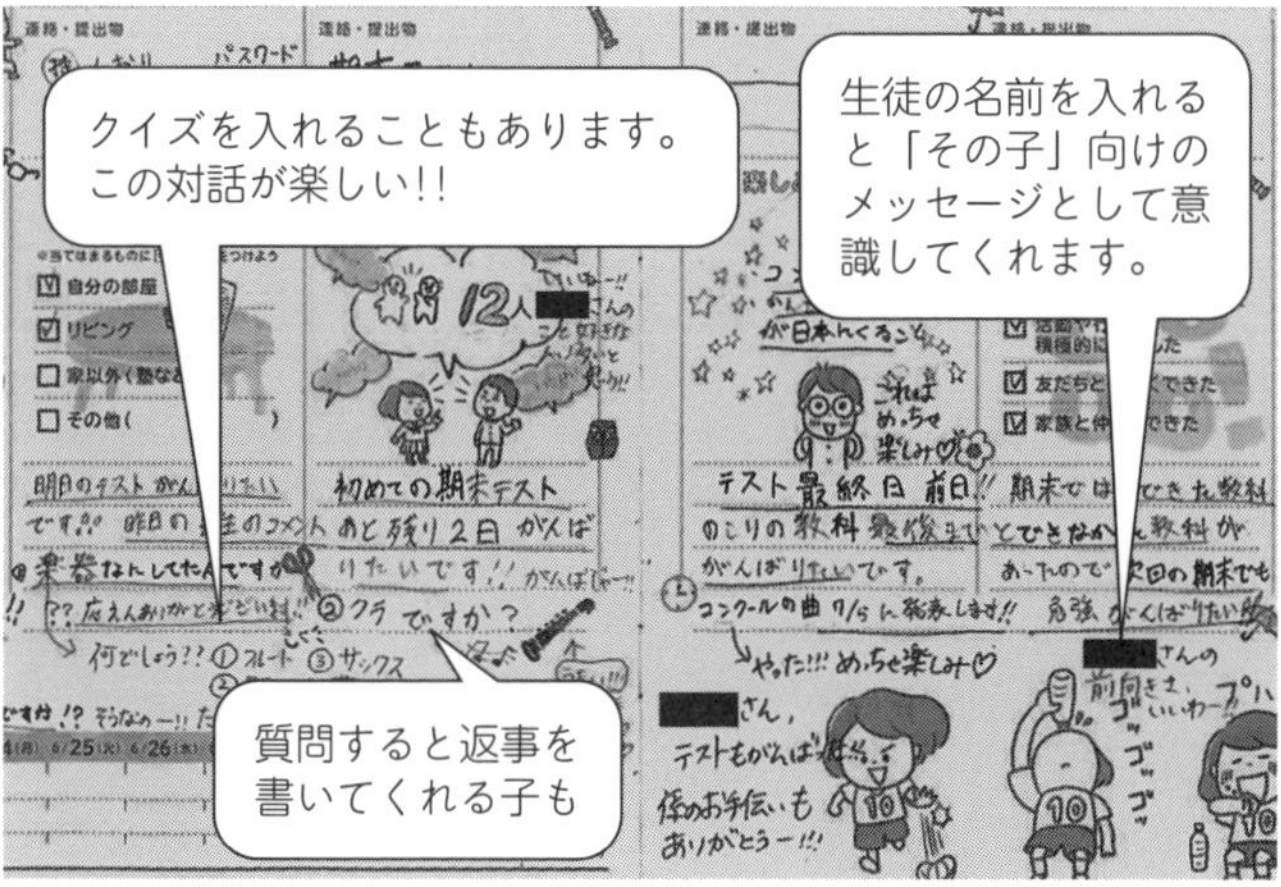

一番大切なのは、生徒とのやりとりを教師が楽しむことです。生徒の成長を喜び、生徒の悩みに向き合い、生徒が伸びようとする心を後押しするのです。できたことを細やかに見つけてほめていくと、挙手が増えたりリーダーに立候補したり、積極性が増す生徒が出てきます。「この生徒がこんなに変わった！」という原因を掘り下げて考えると、生活ノートに辿り着くことは結構あります。ノートの言葉は消えずに残りますので、前向きで頑張れる言葉を選ぶよう心がけましょう。書くのが苦手な読者の方はまめな声かけを。同じような効果が期待できます。

【参考文献】

・糸井登・池田修（2014）『子どもの力を引き出す魔法の学級経営』（学事出版）pp.28-31

「朝の会」「帰りの会」で学級文化を醸成する

朝の会・帰りの会の目的を捉え直す

中学校に赴任して以来、多くの先生方から当たり前のように聞いてきた言葉があります。

「朝の会や帰りの会なんてできるだけ短く早く終わらせた方がいいんだよ。ほとんどの生徒は話なんて聞いていないんだから」

事実、朝の会では横を向いてしまう生徒、帰りの会では早く部活に行きたくてそわそわしている生徒がいました。しかし、経験を重ねていくうちにあることに気づきました。

それは、**朝の会・帰りの会の目的が「為すこと」になっている**ことです。

生徒にとってもわたしにとっても、こなすことが目的になっていて、朝の会や帰りの会を通して「何を得るか」「何を育てるか」が抜け落ちていたのです。常時活動だからこそ、意味のある時間にすることで生徒が育ちます。教科担任制で生徒と接する時間がなかなか取れない中学校だからこそ、毎日行う活動も目的意識を育てましょう。

朝の会は「1日の見通しをもち」「友達の世界を知る」時間

4月の学級開き。生徒たちに朝の会は何をする時間かと尋ねると、多くの生徒たちは「連絡を聞く時間」だと答えます。まずはここのマインドセット。朝は1年で例えると元日に当たる、その日の見通しをもち目標を立てる時間だというわたしの見方を伝え、朝の会のメニューを見せます。人によって得意不得意があるので、1人で見通しをもつのは難しい人もいること、あなたの力が必要であることを伝えます。そして、ともに過ごす仲間同士のネットワークを網の目のようにつくるために、相手のことを知る時間として日直のスピーチを位置づけています。

ただ、4月から日直のスピーチを始めることはほぼありません。朝の会のメニューは1年通して同じである必要はないのです。生徒たちの様子を見ながら、まずは1対1の横のつながりをつくる働きかけをします。

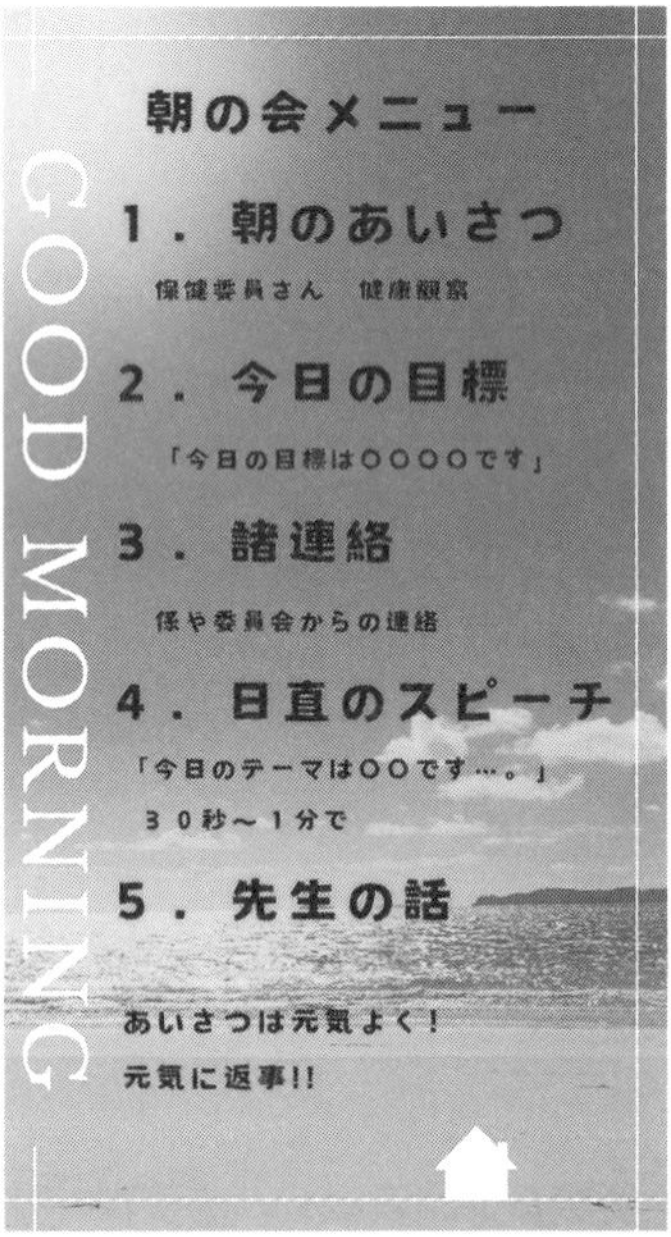

4月はペアトークを取り入れます。話す内容は苦手な生徒の負担にならないライトかつ選択肢があるものにします（第2章「テーマに合わせたペアトークで安心感を醸成する」（p.68）を参照）。ゴールデンウィークを過ぎる頃には、生徒たちもお互いのことが少しずつわかるようになってきます。「もっと自分のことを知ってほしい！」と生徒たちが思いを高めるタイミングで、日直のスピーチを始めましょう。大切なのは目的意識と主体性。自分のことを知ってもらうための場の1つとして朝の会を活用します。

スピーチの補助アイテムとして活躍するのがタブレットです。写真を載せたり動画を撮ったりプレゼンをつくったりして、生徒たちは自分の「夢中」を伝えるために様々な方法で個性あふれるスピーチをしてくれます。スピーチ後は「質問タイム」を設けて相手の世界をさらに知る場をつくります。クイズ形式で双方向性のスピーチを行う生徒も出てくる

と、ミニイベントの時間になります。

時間配分には気をつけましょう。1時間目の授業開始に間に合うよう、スピーチと質問は時間を決めること、時間がかかりそうなときは事前に話をすることも指導しておくとよいでしょう。活動には「余白」が大切です。

帰りの会は「1日の成果を振り返る」時間

わたしのクラスの帰りの会は至ってシンプルです。教科連絡は「〇〇係さんお願いします」と司会が進行するのではなく教科係が自分で起立して伝えます。係からの連絡では、それぞれの生徒が見た、その日にがんばった人の姿や思いを話します。最後にわたしが話すのは、生徒の名前を入れ

た振り返りです。その日にできたこと、力を尽くしてくれた人、4月から成長がみられた人を具体的な行動を基に伝えます。慣れてきたら生徒同士で伝える場に切り替えます。

小学校からの引継ぎ資料に、今まで一度も給食当番をやらなかった、と書いてあった生徒がいました。4月から粘り強く声をかけ続けたところ、給食当番をやるようになり、ごちそうさまの前に「もうあいさつしようぜ」と言葉がけをするようになりました。クラス全体に働きかける姿にわたしは感動し、その直後本人に「みんなに声をかけてくれてありがとう。成長したね」と話しかけ、帰りの会で伝えました（事前に本人に了承を得たうえで話しています）。生徒の姿を4月から追っていくと、必ず生徒の成長に感動する場面に出会えます。その感動を、本人にもクラス全体にも伝えるのです。この生徒は目立つ例ですが、目立たない静かな生徒にスポットを当てることも大切です。感動した生徒の姿を伝えることでその生徒

の自己肯定感を育むだけではなく、その生徒を通して担任が何を大切にしているのか、どんな集団を目指しているかという価値観を伝えることができます。これらの積み重ねが学級文化です。学級文化はいきなり創られるのではなく、このような価値観の醸成を経て少しずつ育まれるものなのです。

【参考文献】
・岩瀬直樹（2011）『よくわかる学級ファシリテーション①かかわりスキル編』（解放出版社）p.59

「学年チーム」「学校チーム」として動く

「足並みを揃える」の指導の是非

中学校は教師の指導の足並みを揃えることを求められます。この「足並みを揃える」ことに対して、違和感を覚えたり否定的な見方をしたりする方も少なくないでしょう。かくいうわたしも、今よりもう少し若い頃は「揃える」ことよりも自分らしい学級づくりがしたいと思っていました。今はバランスが大切だと考えています。「足並みを揃える」ことは、目に見える活動を揃えることではないことに気づいたからです。

生徒と接するうえで最も大切なことは「一貫性」です。昨日と今日で担任が言うことが異なっていたら学級の生徒たちは混乱します。同じことが、学年間や学校間でも起こるのです。教科ごとに担当教員が異なり、部活指導では担任ではない教員が関わる等、多様な

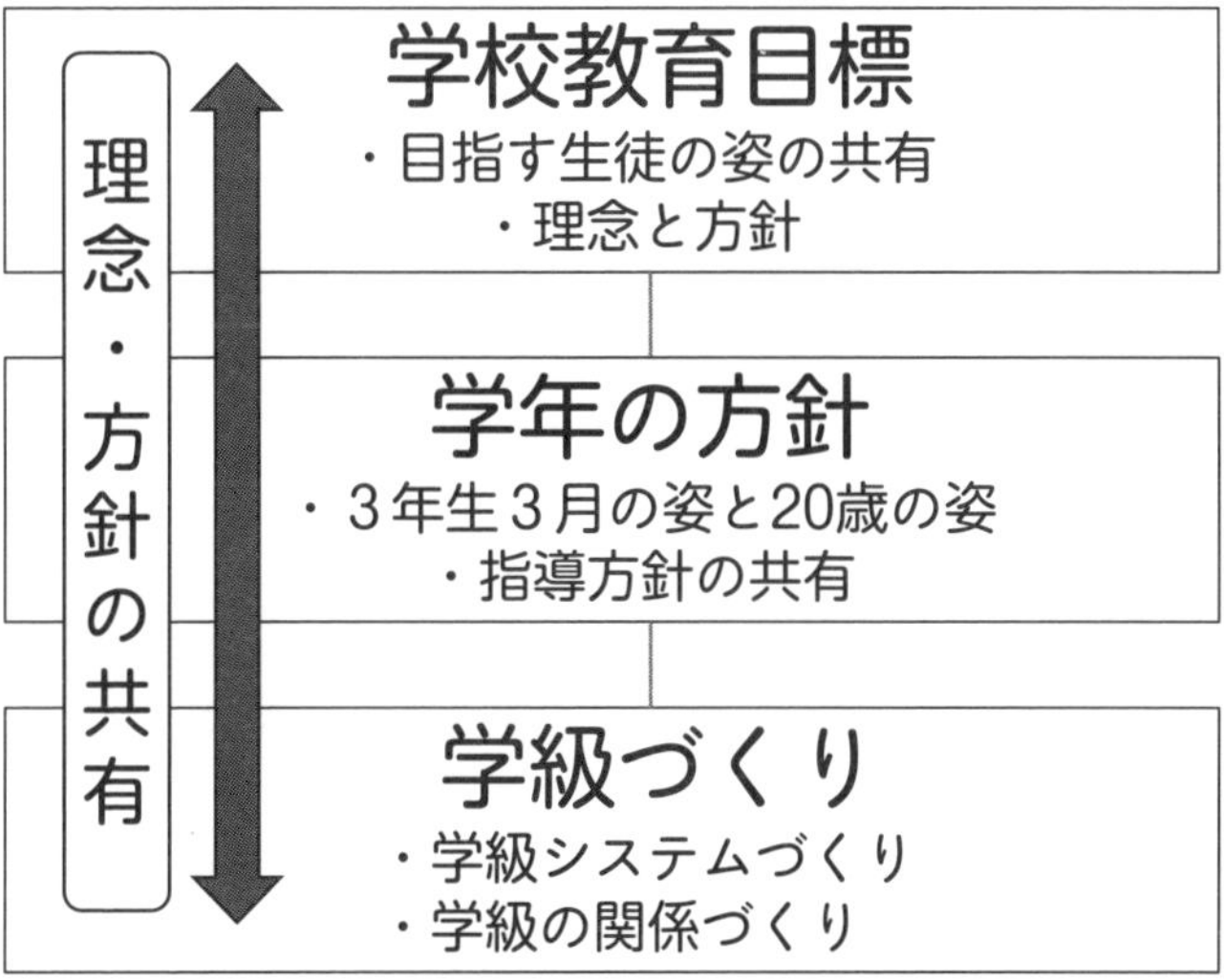

考えをもつ教員が複数関わる中学校では、上位目標を共有して指導に一貫性をもたせることが大切です。

方法ではなく理念と方針を共有する

学校には必ず学校教育目標があります。もしかしたら、４月に校長先生から理念や方針について説明されているかもしれません。この学校教育目標を基に、目指す生徒の姿を学校や学年で共有するのです。生徒の姿は、目に見える姿として捉えられるとよいでしょう。例えば「主体性を発揮する生徒」よりも、「他者に働きかけつながりをつくり広げようとする生徒」の方がイメージを共有しやすくなります。これが上位目標です。目指す生徒の姿が共有できれば、その生徒を育てるための方法は教師の主体性に委ねられます。

学年団の「個」を生かして最強のチームをつくる

学年における理念と方針の共有は、4月初めだけではなく随時行いましょう。多くの中学校では月に2～3回学年会があり、学年で取り組む活動の計画が提案されると思います。その際、目指す生徒の姿と活動の目的を共有できるのが理想です。これは学級経営の構図とよく似ています。生活をともにしながら具体的な活動や行事、日常で起こるトラブルを通して共有することで、上位目標が生活の指針となるのです。

学年には様々な考え方の先生がいます。衝突することへの不安もあるでしょう。ここでも大切なのは「対話」です。対話を通してその先生の考え方を知る、強みと弱みを知る。これらを探ることで、自分にはない、尊敬できるところが見つかります。学年団の食事会や飲み会は相手を知る絶好の機会ですので、わたしは積極的に参加するようにしています。相手を知ることは、自分ができないことができるようになる、自分にはできない指導ができるようになる、教育の可能性を広げることにつながります。様々な考え方の先生がいる、多様性を保障することは、予測不可能な事態が起こっても対応できる、強い集団づくりの第一歩です。

校内研修を通して学校チームをつくる

規模が大きな学校だと、学年の先生方のことは理解できても、学校全体の先生方とつながるのは難しいかもしれません。校内の先生方を知るうえで一番有効なのは、校内研修です。教室における授業が学級の生徒を知る機会であるのと同様に、校内研修は校内の先生方の考えを知るよい機会となります。研修内容を学ぶだけではなく、「この先生はなぜ、このような考え方をするのだろう」「この先生は、生徒たちの学びをどのように捉えているのだろう」等と、先生方の発言を通して指導観や教育観をみるようにすると、より多くの先生方のことを理解できます。

最近の校内研修は意図的に対話を多く取り入れていると思います。相手を知ること、自分を知ってもらうことを意識して取り組めるとよいですね。

[redacted]先生の道徳をちょっと覗いてみた

道徳性　道徳的判断力　道徳的心情　資質

瀬戸山の道徳授業がないタイミングでゲリラ的に実施する（予定）のこのコーナー。第一回は[redacted]で授業をされていた[redacted]先生です。(6/8実施)

本日の教材は「最後のパートナー」C-19 生命の尊さ でした。盲導犬の最期を看取るボランティアをしている[redacted]さんのお話です。

導入では盲導犬の動画をみせて予備知識を伝えていました。道徳科では生活と価値の往還が大切なので、このような予備知識が必要な教材や内容項目も結構あります。知識はものをより正確に、より多面的に、より深くみるメガネなのです。

[redacted]先生のすごさの一つは、このあとの展開で見えました。普段からとても丁寧且つ面白くお話してくださる[redacted]先生。言葉を瞬時に判断して選び取る力に長けていらっしゃるなあと思っていましたが、ここでもその真価を発揮されていました。

子どもたちの反応に応じて「いい気持ち？悪い気持ち？」と選択肢を出す。「もしみんなが[redacted]さんだったら？」「自分の考えではなく主人公になったつもりで考えてみてください。」という問い方変換。子どもたちは安心して、主人公の口を借りた自分の意見を発言していました。

一斉授業スタイルだけではなく、写真のように子どもたち全員が対話する機会も確保。個別最適な学びの在り方にも通じる授業でした。

[redacted]先生、ありがとうございました！！

先輩に訊く！！② [redacted]教頭先生の授業観から学ぶ

このコーナーでは質問を通して先生方の教育観を見える化していきます。第二回は[redacted]教頭先生です！！

① 今まで勤務された校種を教えてください。② 道徳の授業は好きですか？その理由も教えてください。

③ 今までで一番印象に残る道徳授業を教えてください。

④ 道徳授業に関わるエピソードやアドバイス（失敗話も含む）があれば教えてください。

⑤ [redacted]の若手の先生（気持ちが若い先生方も含みます）にエールをお願いします。

①中学校一筋です。

②道徳の授業は好きです。昔は評価が必要なかったからです。（とありましたが、[redacted]で道徳の授業をされていた頃はかなり熱く授業づくりをしていらっしゃいました。by瀬戸山）

③自分授業「ディオキシハイドロゲン」BY Toss、参観授業：瀬戸山先生の「フィンガーボール」

④・道徳の授業はたいてい時間が足りなくなる

・「３６５× １４回のありがとう」範読すると必ず自分が泣く→授業終了となる

掘れば掘るほど出てきます！！！

生徒の前で泣く姿が目に浮かびます…！

⑤諸先輩からの教え

1　下手でいいから年３５回の授業をこなせ（[redacted]先生か[redacted]先生）

2　力のある読み物資料を探して使え（[redacted]氏？）

3　生徒の心を動かせば道徳（[redacted]先生）

4　このシリーズの道徳の授業がいいんだよ（[redacted]先生）

5　道徳では４つの勉強をします（[redacted]先生）

※あれれ～、これエールじゃないぞ～

誰よりも研究熱心で幅広い知識とご経験をもつ[redacted]教頭先生。部活指導経験も豊富で（経験部活の数を伺って驚愕しました…。）教育センターでは教育相談講師の経験（もっとある！？）もおありの、教育のプロフェッショナルです。示唆に富むお話の合間に入ってくる冗談が絶妙で、コミュニケーション力の高さが伺えます。（面白いからつい話し込んでしまい、今日も気づいたらこんな時間に…笑）今回のアンケートでは、そんな教頭先生の「人」がみえるお話をたくさん入れていただきました。教頭先生の深いいお話と幅広い教養を支えるのは、これらから見える学び取る力と学びを自分のものにする力、アウトプットする力なのでしょう。ありがとうございました！

研修通信を通して、互いを知る機会をつくっています

第2章
中1ギャップを防ぐ学級開き

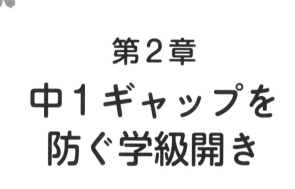

「学級開き」の目的を捉え直す

「誰のため」「何のため」の学級開きか

検索サイトで「学級開き」を検索すると、200万件近い結果が表示されます（令和6年8月現在）。それだけ先生方の関心が高く、重要なテーマなのでしょう。

学級開きを考えるとき初めに語られがちなのは「何をするか」ですが、大切なのはここでも目的意識。学級開きの本質的な目的は、**生徒たちの安心感をつくり信頼を獲得すること**です。

わたしは小学校教諭を3年間経験したあと、中学校に異動しました。初めての中1担任は相当な構えで臨みました。図1（p.50）はそのときの記録です。当時はまだ「学級崩壊」に対する不安が大きく、規律をつくることを重視していました。図2（p.50）は3回目の中1担任のときの記録です。図1と比べるとだいぶ肩の力が抜けていて、生徒同士の関係づくりに目が向いていることがわかります。「仁義礼」は古代中国思想から派生した言葉で、人が育つうえでのキーワードとして今も大切にしています。

うまくいっているクラスの2つの機能

赤坂（2023）は、指導力のある教師の条件として「資源成長機能」と「資源維持機能」の2つを挙げています。これらは集団の規律をつくる「縦糸」、集団の関係性をつくる「横糸」と表現し、織物を織るように学級をつくる「織物モデル」の考え方に基づいています。図3（p.51）はこの考え方を図解したものです。学級担任の仕事は生徒の能力を伸ばして集団を「ひきあげる」機能と、生徒の能力や心を癒やして保つ「養う」機能を働かせることであり、それを1人の教師が多く行うことで集団がより成長することを示しています。

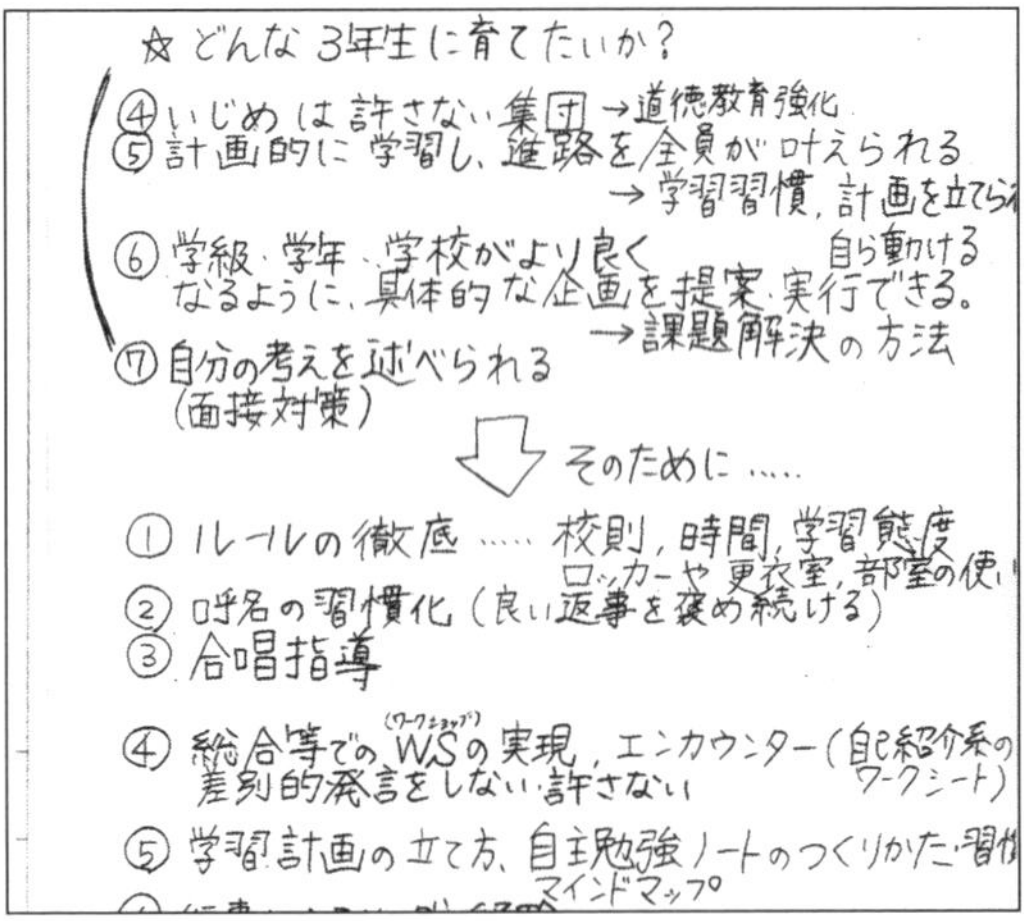
☆どんな3年生に育てたいか?
④いじめは許さない集団→道徳教育強化
⑤計画的に学習し、進路を全員が叶えられる
→学習習慣，計画を立てら
⑥学級・学年・学校がより良く
なるように、具体的な企画を提案・実行できる。 自ら動ける
→課題解決の方法
⑦自分の考えを述べられる
(面接対策)
そのために……
①ルールの徹底……校則，時間，学習態度
ロッカーや更衣室，部室の使
②呼名の習慣化(良い返事を褒め続ける)
③合唱指導
④総合等でのWS《ワークショップ》の実現，エンカウンター(自己紹介系の
ワークシート)
差別的発言をしない・許さない
⑤学習計画の立て方、自主勉強ノートのつくりかた・習
マインドマップ

図1

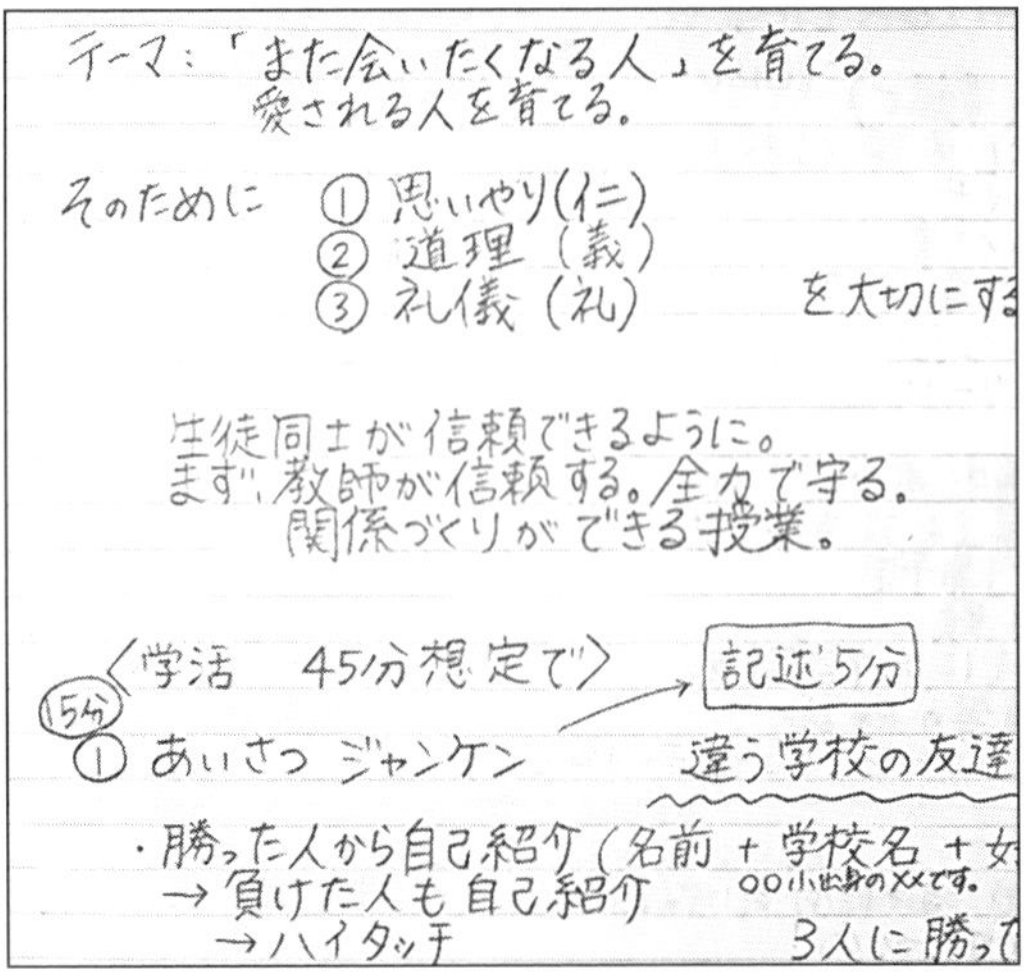
テーマ：「また会いたくなる人」を育てる。
愛される人を育てる。
そのために ①思いやり(仁)
②道理(義)
③礼儀(礼) を大切にする
生徒同士が信頼できるように。
まず、教師が信頼する。全力で守る。
関係づくりができる授業。
〈学活 45分想定で〉 記述5分
15分 ①あいさつジャンケン 違う学校の友達
・勝った人から自己紹介(名前＋学校名＋
○○小出身の××です。
→負けた人も自己紹介
→ハイタッチ 3人に勝っ

図2

図3

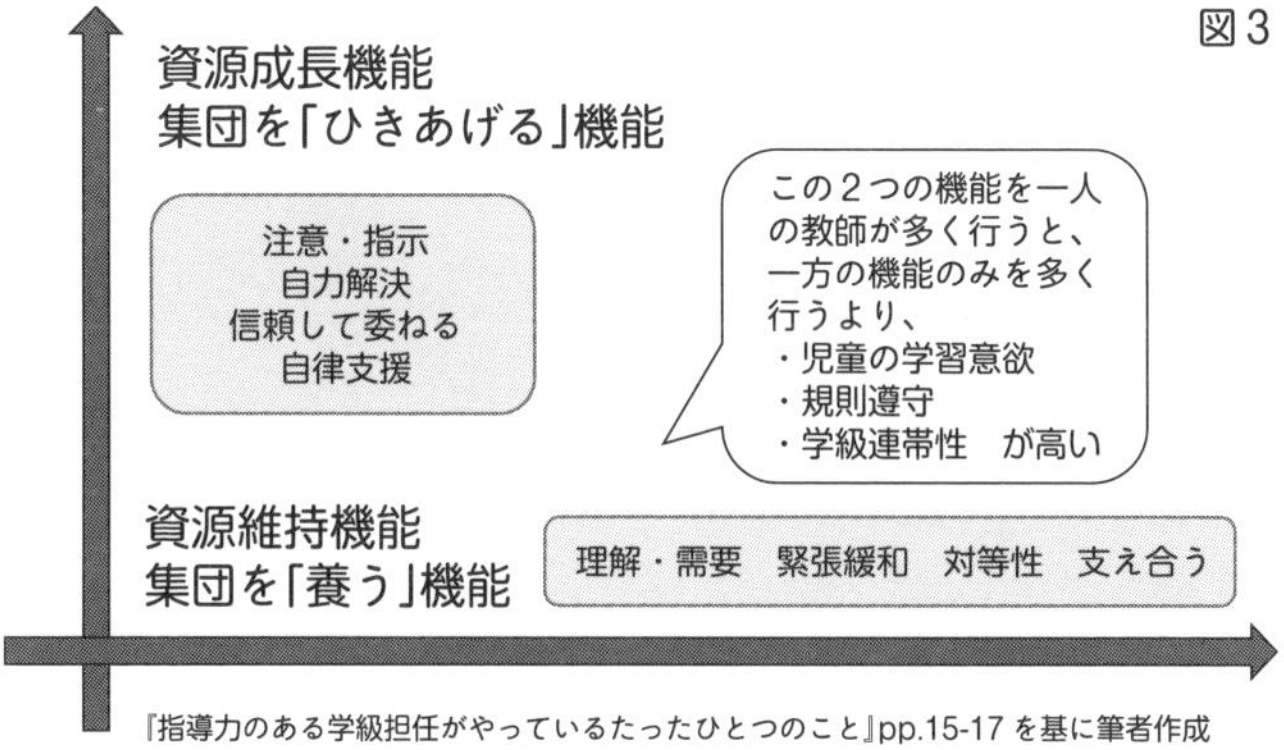
資源成長機能
集団を「ひきあげる」機能
注意・指示
自力解決
信頼して委ねる
自律支援
この2つの機能を一人の教師が多く行うと、一方の機能のみを多く行うより、
・児童の学習意欲
・規則遵守
・学級連帯性　が高い
資源維持機能
集団を「養う」機能
理解・需要　緊張緩和　対等性　支え合う

『指導力のある学級担任がやっているたったひとつのこと』pp.15-17 を基に筆者作成

ただし、これは簡単なことではありません。赤坂はこう指摘しています（※1）。

> この両機能は一見すると矛盾するように見えます。「ひきあげる」機能は、現状に留まらず更なる高い状態を目指して発揮されるものです。しかし、一方で「養う」機能は、現状を肯定したり、互いの在り方を調整したりするものです。現状否認と現状肯定という矛盾したベクトルをもつ機能であるといえます。

かつての学級開きの資料をこの観点で分析すると、図1は「ひきあげる」機能に重点を置き、図2は「養う」機能に重点を置いていることがわかります。図2の「仁義礼」はその順序性も重要な意味をもちます。「仁」は簡単に言うと相手を思いやる心、「義」は正義、「礼」は礼儀作法。すべての基盤にあるのは「仁」の心です。

2つの機能のバランスを考える

とはいえ、どちらか一方に偏った指導では学級は成長しません。赤坂は、過去の文献をもとに「縦3：横7」くらいの感覚がよいのではないかと提案しています。また、そのバランスはすべての人が同じではなく年代やその教員のもつ雰囲気により異なるとも指摘しています。縦糸を前面に出している図1をわたしが書いたのは20代半ば。内容はつっこみどころ満載ですが、その方向性自体は悪くなかったかもしれません。

縦糸と横糸に順序性はありませんが、優先順位はあります。大変な生徒が多いクラスを担任する場合、まず重視するのは縦糸です。規律のない集団では安心感や横の豊かなつながりをつくることはできません。危険がいっぱいのジャングルに投げ出されたら、誰もがまずは身の安全を図るでしょう。安心感の醸成、つまり心理的安全性を高めることは、集団の縦糸と横糸を機能させるための必要条件なのです。

心理的安全性は高め合う集団づくりの土壌

石井（2020）は、ハーバード大学教授のエイミー・C・エドモンソンの論文をもとに、心理的に安全なチームを「メンバー同士が健全に意見を戦わせ、生産的でよい仕事をすることに力を注げるチーム・職場のこと」であると定義しました（※2）。多くのチームに自然と生じる「対人関係のリスク」を解消することが、生産的で成長するチームへとつながることを示唆しています。同時に、心理的安全性はゴールではなく、より生産性の高いチームを目指すための前提であることも示しています。仕事への基準が低く、なれ合いの関係や妥協するチームでは、心理的安全性は保てていても仕事の生産性は下がります。

心理的安全性は、健全な衝突を通して高め合う集団を目指すための前提です。学級開きは生徒たちの心理的安全性を高めると同時に、彼らが主体的に動き、力を伸ばせる場をつくるスタートラインと捉えましょう。

【参考・引用文献】
（※1）赤坂真二（2023）『指導力のある学級担任がやっているたったひとつのこと』（明治図書）pp.15-17, pp.146-147
（※2）石井遼介（2020）『心理的安全性のつくりかた』（日本能率協会マネジメントセンター）pp.22-23

初日から「できたこと」を見つける

誰がどのような動きをしているかを見取る

入学式は、多くの生徒が期待に胸をふくらませて登校します。小学校では注意されることが多かった生徒も、入学式はがんばりたいと思っていることがほとんどです。

過去に出会った生徒たちの様子を振り返ると、「変わりたい」と思っている生徒ほど、入学式初日はがんばる姿を見せてくれることが多いように感じます。その姿が見えるのは、本当に些細な瞬間です。でも、どの生徒にも「がんばりたい」と思う瞬間が必ずあります。

次ページに具体例を挙げてみます。紙面の関係ですべて記載できませんが、これらはすべて生徒たちが自ら取った積極的な行動です。これらの場面での行動に気づくことで「がんばる気持ち」を見取ることができます。

【入学式前】
□教室に入るときに「おはようございます」とあいさつしてくれる。
□こちらがあいさつをすると笑顔で返してくれる。
□入学式の説明をするとき、まっすぐこちらを見て話を聞いている。
□おしゃべりをしている人に「聞こう」と促してくれる。
□配付物を渡すときに「どうぞ」と言っている。
□教室を出るときに電気を消してくれる。

【入学式】
□入学式の入場で場所がわからない人に「こっちだよ」とそっと教えてくれる。
□入学式の呼名で教室以上に大きな声で返事をする。
□入学式での話をうなずきながら真剣にきいている。

【入学式後】
□戻ってきてすぐ教室の電気をつけてくれる。
□帰るときに「さようなら」とあいさつしてくれる。

生徒の行動を見取るためには、見取りのめがねが必要です。前ページのように具体的な行動を書き出すことで、生徒を見取るめがねをたくさんもつことができます。

初日から騒がしいクラスを任されたら

まれに、入学式当日から騒がしいクラスに遭遇することがあります。
・教室に入って早々じゃれ合う。
・会話の中で気軽に「バカ」「死ね」などの言葉を使う。
・入学式の説明中にお喋りをする。
・前の席の生徒をつつく。
目につくのは目立つ行動をする生徒です。わたしはこのようなとき、趣旨説明↓一度注意を促す↓できている生徒にプラスの声かけ、という関わり方を意識しています。

また、一見クラスが騒がしく見えても、その中でがんばろうという思いをもっている生徒が必ずいます。そのような生徒をモデルとして示し、目指したい姿を生徒たちと共有するとよいでしょう。

趣旨説明では、次のように伝えると効果的です。

おはようございます。○○中学校へようこそ。みなさんに会えるこの日を心待ちにしていました。学校生活はみなさん自身でつくるものです。みんなで楽しく成長できる生活をつくっていきましょう。

「出会いを楽しみにしていたこと」とともに「生活は自分たちでつくること」「高みに向かい成長すること」を願いとして伝えます。話が聞けない状況がある場合は、聴くことの価値についても加えます。詳細は、第4章「聴き合う文化をつくる」（p.130）をご覧ください。騒がしさは「見てほしい」「聴いてほしい」の現れでもあります。日々の関わりを通して教師や生徒たちとの関係性を築いていきましょう。

「笑顔で」「目を見て」名前を呼ぶ

安心感を高める

新しい環境に入るときは期待とともに不安も生じます。特に中学校で新しい環境や友達に出会うとき、その緊張感は非常に大きなものです。同じクラスに知っている人が少ない生徒ほど、大きな不安を抱きながら静かに席に座っていることが多いでしょう。入学式前に必ず、全員の名前の読み方を個別に確認します。こんな感じです。

T　おはようございます。担任の瀬戸山です。名前の確認をしていいですか。
S　はい、大丈夫です。
T　○○○○さん。合っていますか?

S　大丈夫です。
T　ありがとう。○○さん、1年間よろしくお願いしますね。

必ず笑顔で、生徒の目を見て話します。出会う場面で2回、呼名練習で1回、入学式で1回呼ぶので、初日に4回名前を呼ぶことになります。初日に何度も名前をフルネームで呼ぶことには、わたしなりのこだわりがあります。**名前を大切にすることはその人自身を大切にすることにつながるからです。**

近藤（2010）は、自尊感情を「基本的自尊感情」「社会的自尊感情」の2つの領域で定義しました（※）。基本的自尊感情は「自分は生きていてよかった」「自分の存在には何の不安もない」という無条件で絶対的な感情であり、社会的自尊感情は「がんばってよかった」「ほめられて嬉しい」など、他者との比較や優劣によって生まれる感情です。基本的自尊感情は本来、親子や親しい人との間で共有体験を通して育まれるものですが、不足している生徒が少なからずいること、その不足を学校教育における共有体験で補うことができることを近藤は指摘しています。

「ここにいていいんだ」と思える環境をつくる

目を見て名前を呼ぶことはその人の存在を認める行為です。また、笑顔はその人に対してプラスの感情を抱いていることを視覚的に示す行為です。子どもの世界に教師が踏み込むパスワードといってもよいでしょう。わたしは、初日から1週間程度は、学級の様子をストーリーとして（図4）、カルテや生活ノートと並行して（第1章 pp.28-35を参照）記録を取り、接する生徒の無意識の偏りを減らすよう努めています。一人ひとりとつながりをつくることに大きなエネルギーを費やすのが、この学級開きの1週間です。

頻繁に名前を呼ぶと生徒たちの顔と名前が一致しやすくなり、より早く覚えられるという担任としてのメリットもあります。生徒と接する時間が小学校に比べて短い中学校では特に重要です。大人しい生徒や自分から教師に近づかない生徒、自分のことをあまり話さない生徒を中心に、適度な距離感をもって生徒の世界を探っていきましょう。

【参考文献】
（※）近藤卓（2010）『自尊感情と共有体験の心理学』（金子書房）pp.2-5, pp.7-8

第2章
中1ギャップを
防ぐ学級開き

4月10日
自転車置き場で指導。2組の生徒は半分ちょっとわかったが、まだ顔と名前は一致しない。Aが自転車のペダルが外れたと押してきた。技師さんに対応してもらうことを伝える。

職員朝会後、教室へ。8：25には全員着席していた。朝は忙しかったが配付物を集める。指示はそれなりに通るが、番号順に並べたり配付物をまとめたりする生徒はいなかった。4種類集めたあと、聴力検査に誘導する。

検査終了後、Bが「教室に戻っていいですか」ときいてきた。行動の最後まで示さずに動かしてしまったことに反省。Cとともに配付物をお願いする。Bに多めに渡したためCの仕事が早く終わったが、Cは「手伝うよ」と言って手伝ってくれた。すごい、気持ちが見える行動！　聴力検査後、自習内容の指示を出す。自己紹介カードを書いている間、ややお喋りが増えてくる。「喋れる人が周りにいる人はいいけど、今寂しい思いをしている人がいるんじゃないかな」と伝えると、しまった、という雰囲気になる。

2時間目の視力検査は検査会場に行っていたため、生徒たちの様子はほぼ見られなかった。

3時間目の身体測定は、引率で1階から4階まで何往復もして大変だった。終わり20分は教室で過ごせたので様子を見る。Dは名前以外ほとんど書けていない。書くのが苦手らしく、「何か頑張りたいことある？」ときいても無反応だった。問いを工夫しないといけないな。

10分休みで座って本を読んでいた生徒はE、F、G。Fは読書が好きらしい。EとGはあまり交流している様子もないため心配。Hの周りは人だかり。リーダーシップを認められている感じがする。うまく伸ばしていきたい。Iが「自己紹介やらないの？書いてきちゃった！」と言っていたので見せてもらうと、めちゃくちゃ上手い絵と言葉が書いてあった。すごい才能だな。褒めると嬉しそうに笑っていた。Jと仲良しらしい。斜めの席でよく話している。お互いの世界をもっと広げれば、他の子たちにとってもとてもよい影響があるはず。

4時間目は自己紹介。スライドを用意するもうまく動かせず、全体でのお喋りタイムを先に行う。Kのリアクションが絶妙によい。LとAもいいツッコミをくれてよい。Mが気になる。全員で話す自己紹介。Nがいつも3人になってしまい、ちょっと可哀想だった。29人、素数は難しい。

全員の自己紹介後はわたしの自己紹介。生徒たちはかなり興味をもってくれているようだった。自己紹介だが途中で「思っているだけでは叶わないが言は実になる」話。ラーメンからのチャーハンの話、生徒たちにとっては面白かったようでかなり興味津々できいてくれる。Oがやや聴いているのが辛そう。面白い話をしなければ。

給食と掃除の話。スライドが使えなかったので、口頭になる。事前に確認しておくべきだった。

給食時の箸忘れは2人。JとP。借りる方法を伝える。片付けの前に返しに行ってしまい、確認する。

昼休み。Qが「外に行っていいですか？」と尋ねる。休み時間は遊んでいいことを伝えるとめちゃくちゃ嬉しそう。そうか、そんなに体を動かしたかったのに、あそこまで真剣に話をきいてくれていたのか。すごい子だな。しかも「遊びに行ってもいいけど4階だから遠いよ」と話したら、「体育館シューズ持っていっていいですか？」と対応策まで自分で示す。このような考えを巡らせるこの子の力を大切に、もっと伸ばしたい。まずは価値付けるところから。

体育館への移動。教室を出る前、Gが電気を消してくれる。既にQがめちゃめちゃなついている。「先生、ずっとついていきます！」なんて言っていた。リーダーシップもありそうなので、皆とともに歩めるリーダーとして育てていきたい。

体育館では全員が時間2分前には整列していた。素晴らしい。褒め損ねてしまった。その瞬間のフィードバックを心掛けたい。集会中、Mのチックがかなり出ている。

掃除。教室掃除はほとんど指導できなかった。水をくむバケツなども準備できず反省。トイレ掃除もほとんどできず。毎日役割を変えるのではなく、1週間役割を変えていきたいという意見があったので、方法を修正する。

帰りの会。教科書を持ってきた人はロッカーに置くよう指示。

放課後、HとQに何度か会い、「偶然ですか、運命ですか？」ときかれたので「もちろん運命！」と答えるとめっちゃ笑っていた。Aの自転車のペダルを技師さんに直してもらって今日を終える。

図4　入学式翌日の様子

自己紹介シート＋バースデーリングで生徒同士の関係を紡ぐ

自己開示は「好きなもの」「誕生日」から

入学したあと、多くの学級で行われる自己紹介。生徒にとっても教師にとっても重要な活動です。自己紹介の要は自己開示です。ここでどこまで自分を出せるか、どこまで受け止めてもらえるかで、その後の自分の学級での過ごし方が大きく変わります。「まだ自分のこともみんなのこともよくわからないよね。自分のことを相手に知ってもらう時間にしよう。みんなのことを教えてくれる？」と目的＋お願いで生徒に伝えます。ここで大事なのは、**目的を伝えて自己開示を促し、横のつながりをつくるきっかけの場とする**ことです。

まず担任が自己紹介をして例を示します。比較的話しやすい話題は「好きな○○」です。

広く「好きなもの」と問うより、「好きな動物」「好きなおやつ」など絞って問う方が、共通点を見つけやすく自然に会話のきっかけが生まれます。

これは心理学の「類似性の法則」に基づいています。テキサス大学のドン・バーンとドン・ネルソン博士らがおこなった1965年の研究では、2人の態度や価値観の類似性が高いと仲良くなりやすくなる心理的な理由として、次の3つを挙げています（※）。

- 自分の考えの正しさが確認できるため安心感が得られる。
- 相手の理解が容易であるため衝突することが少ない。
- 相手と自分とを一体的に感じやすくなり自己愛的な気持ちが生まれる。

この時期の生徒たちの中には新しい友達をつくろうとするエネルギーが高い人が多いため、共通点の提示は関係性をつくるよい起爆剤となります。次の活動につなげるため、自己紹介では好きなものに加え誕生日も伝えるよう促します。不安が強い生徒が多そうな場合はいきなり全体でやらずにペアで始めるとよいでしょう。

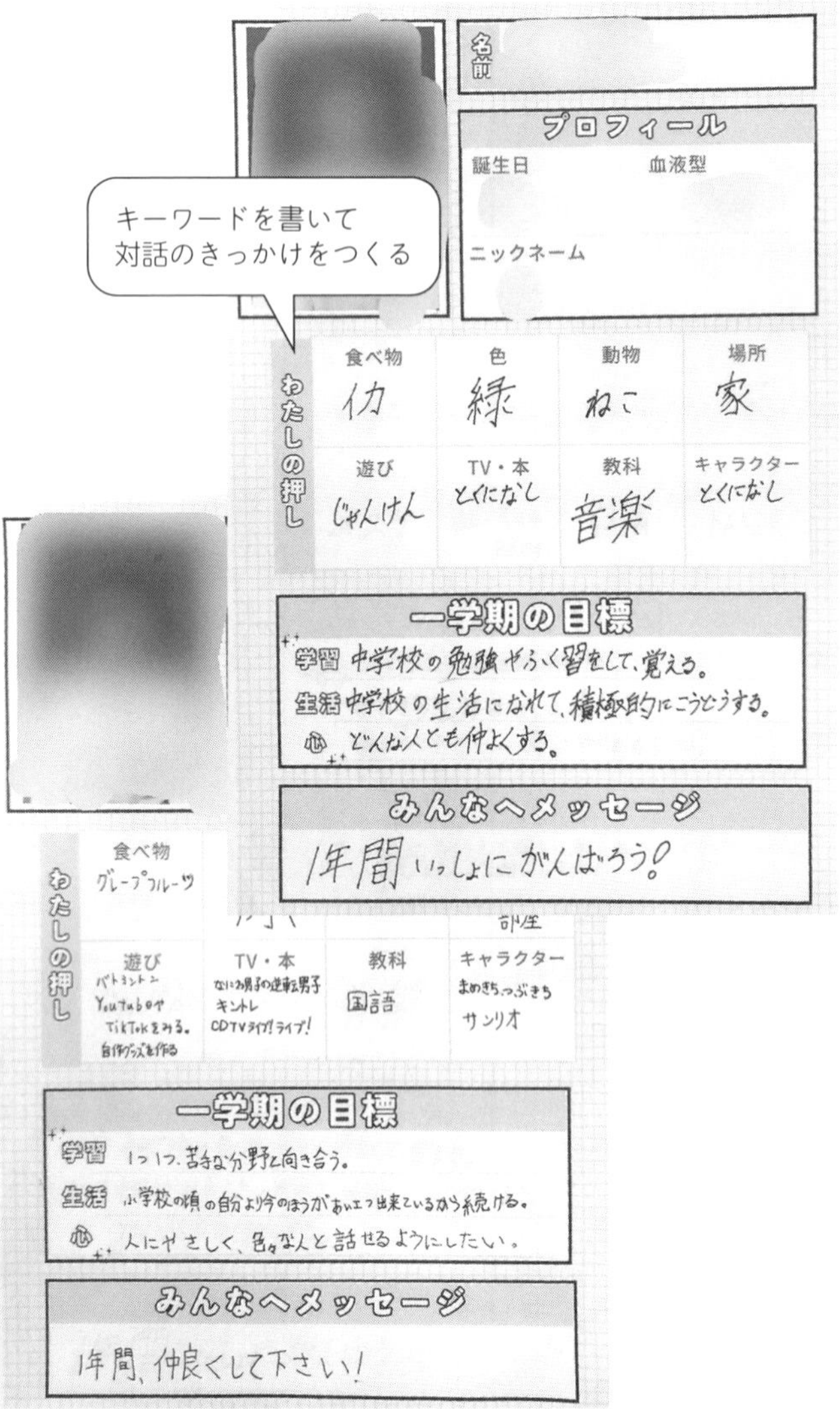
キーワードを書いて
対話のきっかけをつくる
名前
プロフィール
誕生日
血液型
ニックネーム
わたしの押し
食べ物
イカ
色
緑
動物
ねこ
場所
家
遊び
じゃんけん
TV・本
とくになし
教科
音楽
キャラクター
とくになし
一学期の目標
学習 中学校の勉強やふく習をして、覚える。
生活 中学校の生活になれて、積極的にこうどうする。
心 どんな人とも仲よくする。
みんなへメッセージ
1年間いっしょにがんばろう!
わたしの押し
食べ物
グレープフルーツ
遊び
バドミントン
YouTubeやTikTokをみる。
自作グッズを作る
TV・本
なにわ男子の逆転男子
キントレ
CDTVライブ!ライブ!
教科
国語
キャラクター
サンリオ
一学期の目標
学習 1つ1つ、苦手な分野と向き合う。
生活 小学校の頃の自分より今のほうがあいさつ出来ているから続ける。
心 人にやさしく、色々な人と話せるようにしたい。
みんなへメッセージ
1年間、仲良くして下さい!

バースデーリングでアイコンタクトを促す

一通り自己紹介が終わったら、関係性を構築する活動を入れましょう。おすすめは「バースデーリング」です。誕生日が早い（4月2日〜）生徒から順に無言で円をつくる（または一列に並ぶ）というシンプルな活動です。こんな説明をします。

> 一通り自己紹介が終わりました。自分と似ている人、自分とは違うところがあるから話しかけたくなった人がいたと思います。今きいた自己紹介を基にして、こんな活動をしましょう。「バースデーリング」です。4月2日生まれの人を先頭に、大きな円（一列）をつくりましょう。4月生まれ、5月生まれ、6月生まれ…と並び、最後は3月31日（4月1日の人がいれば4月1日）の人が並びます。1つだけ条件があります。それは「喋らない」ことです。紙に誕生日を書いて見せてもだめ、それ以外はOKです。全員並び終わったら答え合わせをします。

この活動のポイントは「無言」。さっき聞いたはずなのに…と笑いも起きます。紙に書いて見せる以外（指で書く、指で数を示す等）はすべてOK。一度聞いただけではわからない生徒もいると思うので、質問も受け付けます。

この活動の面白いところは、活動を通してリーダーシップをとる生徒が見えることです。誕生月を指で示してアピールする生徒や、並び終わっても周りを見て手助けをする生徒など、様々な姿が見られます。このときの様子はぜひメモを取ってカルテに書き込んでおきましょう。写真を撮って学級通信に載せてもよいですね。

全員が一通り並び終わったら答え合わせをします。成功するとは限らないので、失敗する場合もあることを予め伝えておきましょう。失敗したら生徒たちのがんばりの過程を具体的に伝えて拍手します。メモした生徒たちの様子は、保護者の方にぜひ伝えてください。「先生は子どもたちのことをよく見ている」ことを示すことにつながります。

グループごとに最初の活動を促す

答え合わせが終わったら自己紹介を掲示します。次ページのような掲示物の枠をつくっておき、4～5人のグループごとにクリアファイルに入れて誕生日を記入します。誕生日

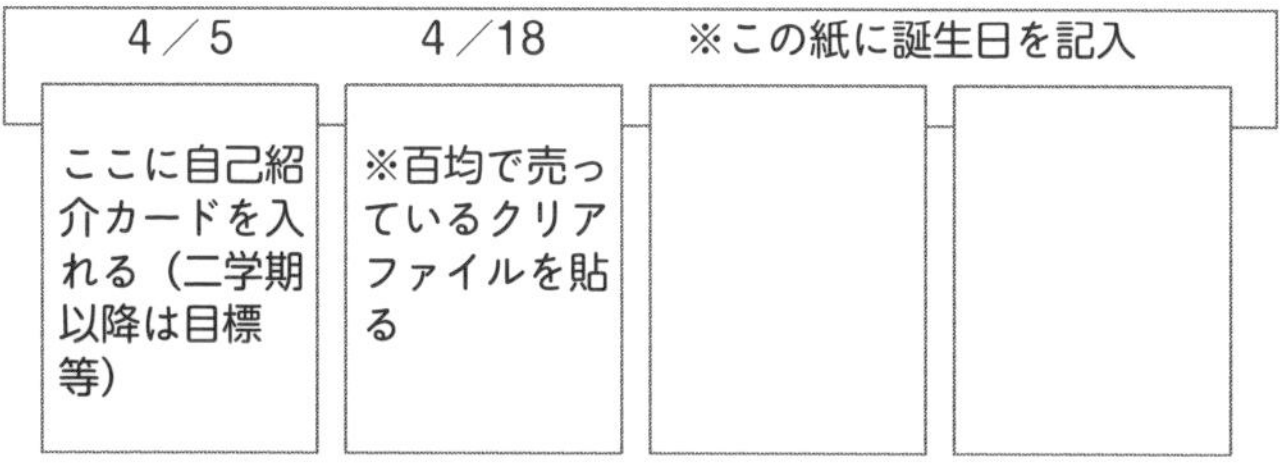
4／5
4／18
※この紙に誕生日を記入
ここに自己紹介カードを入れる（二学期以降は目標等）
※百均で売っているクリアファイルを貼る

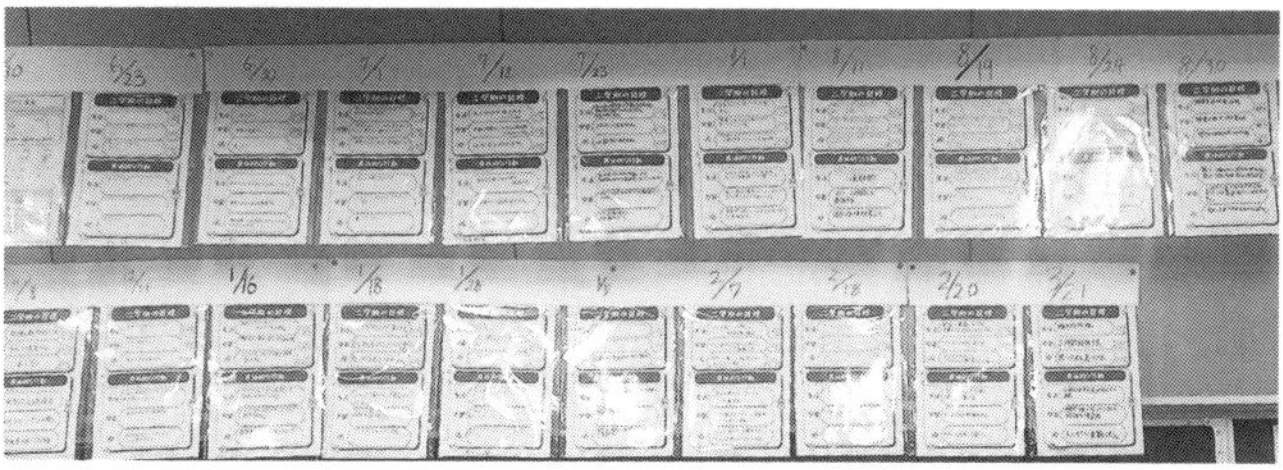

が近い生徒同士で初めてのグループ活動を実施します。教師は活動の様子をみて、書き終わったら順番に並べて教室掲示をします。このアイディアは以前同じ学年を組んだ先生から教えていただいたものですが、初対面の生徒たちが自然と共同作業に取り組めるのでおすすめです。掲示するとその子の誕生日も一目でわかるので、次の常時活動（第3章「誕生日をみんなで祝う」（p.86）を参照）にもつながります。

【参考文献】

（※）藤森立男（1980）「態度の類似性、話題の重要性が対人魅力に及ぼす効果」（実験社会心理学研究 20(1), 35-43）

テーマに合わせたペアトークで安心感を醸成する

視線が気になる生徒たち

心理的安全性を高めるためには「対人関係のリスク」を解消することが欠かせません。その第一歩となるのが1対1の関係の構築です。一人ひとりが網の目のようにつながることがチームとしての理想の姿です。

幼少期をコロナ禍で過ごした生徒たちは、自分が傷つけられるなどの集団生活のリスクを避け、1人で過ごすことを好む傾向が見られます。集団遊びや仲間と助け合う経験が少なく、集団で過ごすことの意義をあまり感じていない生徒が少なからずいるのです。相手に受け容れられる嬉しさや、思いが通い合ったときの喜びを感じる経験がほとんどないまま中学生になってしまったのかもしれません。

ペアトークを始める前に

ペアトークは「受け容れられる嬉しさ」「理解してもらう喜び」を感じやすい活動です。1対1の活動であり、特定の知識や経験が不要だからです。一方で、対人スキルに欠ける生徒同士がペアトークをすると、かえって仲が悪くなることもあります。特に重要なのは「聴く」スキルを身につけることです（「聴く」スキルの詳細は第4章 p.130を参照）。相手に自分の身体を向けること（話をしている人にへそを向ける等）、笑顔やうなずきなどのプラスのリアクションは必ず事前に指導しましょう。

聴く態度とプラスのリアクションの指導はマストである。

マスクをしていると口角が見えずに笑顔が伝わりにくいため、マスクをしている生徒ほど口角を上げて聴くことを伝えましょう。笑顔は人と人をつなぐマストアイテム。口角を上げるだけでセロトニンというホルモンが出て幸せを感じると言われています。脳は行動を司ると言われていますが、行動が脳に影響を与えていることも多いのです。

話すためのネタを集める

入学式後の身体測定や検査などの合間の時間を活用して、ペアトークの準備を進めます。話す内容に困らないように、次ページのようなプリントを事前に渡しておきます（わたしの地区の自治体では入学してすぐにタブレットを配付できないシステムなので紙ベースで実践していますが、タブレットが手元にあり、ルールが浸透しているならタブレットでの活動でもよいですね）。質問に答えながら生徒自身が自己理解を深められるようサポートしましょう。

ペアトーク成功の9割は事前準備

朝の会のスピーチはいきなり始めずに、ペアトークからスタートします。時間はそれぞれ30秒程度。話し終わったら拍手をして交代。毎朝2分以内で終わる活動ですが、効果は絶大です。ペアを交代して4月に毎日実施すると、短い時間に多くの友達と触れ合うことができます。

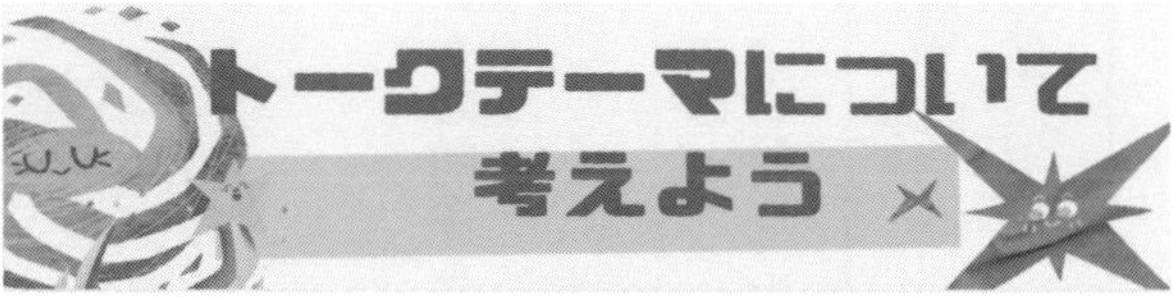

1年（　　）組（　　）番（　　　　　　　　）

※ 朝の活動で友達と話すテーマです。自分の考えをまとめておきましょう♪

①好きな食べ物	(理由)
②一学期は これをがんばりたい！	(理由)
③これがあれば自分 がんばれます♪ (活動でも言葉でも物でも)	(理由)
④元気がなくなったら これがほしい！！ (言葉でも物でも)	(理由)
⑤これがないと 生きていけません	(理由)
⑥これされると 機嫌が悪くなります…	(理由)
⑦ごはんのお供 No.1はこれだ！	(理由)
⑧もしも 生まれ変わるとしたら	(理由)
⑨いつか 行ってみたいところ	(理由)
⑩もしも100万円 手に入れたら…	(理由)

1年間を見通したシステムをつくる

システムの前提を伝える

学級のシステムは、生徒たちの心理的安全性を高めるための大切な要素です。システムが確立していれば、担任が不在でも学級は機能します。「担任が3日間不在でも自分たちで動ける集団」を目指しましょう。一般的な学級システムは以下の4つです。

①日直　②給食当番
③掃除当番　④係活動

これらのシステムをつくるためには、このシステムを支える前提を生徒たちに伝えることが大切です。

例えば日直は、学級の生徒たちが順番に担います。給食当番や掃除当番も輪番制がほとんどでしょう。「係活動」は、自分がやりたい、または得意とする活動に専門的に取り組むことで学級全体を運営するシステムです。当番活動（①②③）は「全員が確実に活動することで学級が動くシステム」、係活動（④）は「一人ひとりが自分の得意や強みを生かすことで学級が豊かになるシステム」であることを生徒たちにも伝え、活動する下地をつくります。**対等性と支え合いは学校生活全般を通して大切にしたい理念**です。そのため、4月だけではなく事あるごとに繰り返し伝えていきます。

システム統一の利点と難点

ここで挙げているシステムはすべて、学年で統一しています。進級後に担任が替わっても生徒の混乱が少ないことが最大の利点です。同時に、初めて担任を受け持つ先生でも学級経営がしやすくなるのもよさの1つです。赤坂（2017）は、「学級集団づくりにおける最大の問題は、大学で学級経営を学んでいないことである」と述べています（※）。

大学で指導を受けるのは主に学習指導や児童生徒心理、教育学です。教育実習では既にシステムが軌道に乗っている学級集団で授業を実施します。学習指導の基盤となる縦糸と横糸をつくること（詳細は本章「「学級開き」の目的を捉え直す」（p.48）を参照）が学級経営の要であり、学級のシステムは縦糸を張り横糸をつくる重要なポイントなのです。学年内に経験が少ない先生がいない場合でも、年度途中から若手の先生が入ることも考えられます。システムを統一することで生徒の創意工夫を発揮する場が限られてしまう可能性があるので、1年生は基本のシステムを確立しつつ、工夫の余地を残すことが重要です。

日直で自律と自立の第一歩を踏み出す

日直は学級経営の基礎であり、生徒が自律し、自立を育む活動です。そのため、基本的には1人で行います。中学校では人格の完成を目指す、そのために生徒たちの自律する力（自らを律する力）を自立する力（自分で行動する力）を育てることが重要です。

日直はその日のリーダーとして、学級の仕事を交代で担いながら自分たちで学級を運営します。これらの趣旨を丁寧に伝え、1人で実施する意義を理解してもらいましょう。

☆☆☆日直の仕事チェック表☆☆☆											
		前日	朝			帰り					
日付	氏名	今日の目標	学級日誌（8時15分まで）	配付物・掲示物をボックスに入れる	朝の会	帰りの会	前黒板の日付・日直	机整理整頓	教室廊下戸締り	学級日誌提出	確認印
例	群馬　一郎	○	○	○	○	○	○	○	○	○	

ただし、不安が強くて実施が難しい生徒がいる場合は、お助けをお願いすることもあります。朝の会や帰りの会の司会が不安な場合、別の生徒に手伝ってもらい一緒に行えるようにします。「友達に助けてもらう」「友達を助ける」経験を重ねることで、互いを理解し合い、良好な関係を築く機会とできます。

なお、朝の会や帰りの会の運営に関する詳細は、第1章「「朝の会」「帰りの会」で学級文化を醸成する」(p.36)をご覧ください。

給食当番・掃除当番は即時指導が鍵

給食当番と掃除当番は生徒の素が見えやすい活動です。集団で行うので、進んでやる生徒とあまり前向きではない生徒の差が行動としてはっきりと出ます。小学校の頃当番活動（給食・清掃・日直）ってどんな活動？

○ がんばると学級全員が幸せになる活動

○ さぼると集団が機能《きのう》しなくなる活動
（給食・清掃・日直など）

○ 手順が決まっている活動

○ 効率《こうりつ》よく行うことで
集団のパフォーマンスを爆上《ばくあ》げする活動

とは異なるシステムで動くことも多いため、わたしは学級開きの際にスライドで目的と手順を生徒たちに示しています（上図はその一部。詳細は次ページの二次元コード参照）。自分たちの力で学級全体を幸せにしよう、と伝え実施します。

これらは実施後が非常に重要です。どの生徒がどのような動きをしているかを細かく見取り、進んで仕事に取り組んでいる生徒はその場でほめていきます。そして、本人に承諾を取ったうえで帰りの会でその事実を伝えます。拍手が沸き起こったときは友達のよさを認めようとする行動として捉え、拍手をしてくれた生徒に拍手を返します。

よい雰囲気をつくることで自然に「もっとがんばろう」とモチベーションが上がるようなサイクルを

つくりましょう。わたしが担任した生徒の中には「小学校の頃、一度も給食当番をやったことがないからやり方がわからない」と言ってきた生徒もいます。このような場合はやろうとしている事実をほめて丁寧にやり方を教え（一度説明していても根気強く教えます）、仕事ぶりをよく見てできた事実をまたほめていきましょう。

係活動は工夫の余地を残す

中学校における係活動は、当番活動的になっていることが多いようです。教科連絡係と学級運営上の係の大きく2つに分かれています。学校や学年である程度統一されていることが多いですが、学年の先生方と相談して、創意工夫を発揮できる係が1つはあるとよいでしょう。具体例は第3章「ランチバズ～語り合う場づくり～」（p.90）で述べます。

【参考文献】

（※）赤坂真二（2017）『スペシャリスト直伝！　主体性とやる気を引き出す学級づくりの極意』（明治図書）pp.30-31

引き継ぎ資料を生かして生徒との信頼関係を築く

やんちゃくんとの関係づくりは先手必勝

多くのクラスに1人はいるやんちゃくん。引き継ぎ資料には指導事項がいくつも記載され、言葉遣いや友達への関わり方、教師への態度など、初対面から気になる点が目立つ生徒です。ときに不遜さを感じられることもあり、教師も強気な態度を取ってしまいがち。

そんな生徒がぽろっとこぼした一言があります。

「けんかするといつも、俺が悪いってなるんすよ」

まだ4月の中旬でした。その言葉の中には、俺が全部悪いと思ってるんだろ、というニュアンスを感じました。そしてそれ以上に、自分を丸ごと見てもらえていない悲しみを感じました。本当は認められたいのに認められず、今まで出会った人たちの対応に納得していないことを直感したのです。わたしはすぐに、このように返しました。

「わたしはあなただけが悪いとは思っていないけど、俺だけが悪いと思っているの？」

その生徒は驚いたようにわたしを見つめました。彼との関係づくりが始まった瞬間でした。

小学校の引き継ぎは確かに大切です。今の彼らを見るだけでは知り得ない具体的な情報が入っているからです。ただ、その情報は生徒を伸ばすために活用すべきものであり、生徒の問題を指摘するために使うものではないはずです。**一面的な「レッテル」は剥がして、生徒を認める場をつくる**ことをより大切にしましょう。

引き継ぎの内容が気になる生徒ほど、学級開きの時期に積極的に関わったり役割をお願いしたりします。エネルギーが溢れている4月にお願いするのがポイントです。「あなたのことを認めている」「力を貸してほしい」「力を貸してくれてありがとう」という3つのメッセージを繰り返し伝えるためです。言葉がけの詳細については第4章「言葉がけで個の成長を促す」（p.162）に記載してありますので、合わせてご覧ください。

役割が人を育てる

やる気があるやんちゃな生徒には学級委員を任せます。彼らの多くは全員の前で話す経験も司会進行の経験がありません。細かな指導が必要です。しかし、人前に立つ経験で得られる自信や発表に向けた努力は、日常生活では得られない大きな価値を秘めています。生まれながらに何でもできる人はいません。担う役割が生徒を成長させるのです。

休み時間が潰れてしまったり、事前準備のため自分の時間を自由に使えなかったりする不満をこぼされることもありますが、そのがんばりをクラスのみんなに認められる経験を重ねることで、生徒は確実に変わります。ただし、失敗経験を重ねてしまうと本末転倒ですので、指導は学年主任などの他の先生方と協力することが大切です。

わかりやすい例として学級づくりの初期におけるやんちゃくんとの関係のつくりかたについて述べました。引き継ぎ資料には生徒を多角的に捉えるためのヒントがたくさん眠っています。まさに宝の山といえるでしょう。言葉や目の前の行動に囚われず、柔軟な目で生徒をみつめたいものです。

第3章
心理的安全性を高める学級づくり

1学期

すばらしい出会いを演出する

安心感は「つくれる」

入学式は大人でも不安になるもの。初めて中学校に足を踏み入れる生徒たちであればなおさらです。この不安はどこから来ているのでしょうか。掘り下げてみます。

①見通しがもてない。
②知っている人が少ない。
③困ったときの助けの呼び方がわからない。
④誰を頼ればよいのかわからない。

これらの不安を取り除くことが、スタート時の安心感につながります。安心感は教師側の準備と配慮でつくることができるのです。

入学式の前日から、流れに沿って解消法を見ていきましょう。

事前準備編（1）事務作業

入学式前の作業量は膨大ですが、ここでの準備の質は出会いの質にもつながるため、重要です。効率よく準備できるように、わたしは過去の記録を基にしたチェックリストをつくって照らし合わせながら作業を進めています。学校やメンバーによって内容は異なるので、読者の先生方の学校ですぐに使うのは難しいかもしれませんが、およその見通しをもつためには役に立つでしょう。右の二次元コードにまとめてありますので、ご覧ください。

教師の見通しは、生徒自身の見通しにつながります（①）。入学式当日～3日目くらいまで見通せていると、生徒たちから質問が来ても的確に返せるでしょう。よく聞かれる質問は「持ち物」「服装」「活動内容」「登下校の時刻」です。

事前準備編（2）環境づくり

1年生が使う教室は事前に掃除が入っているはずですが、担任も必ず確認しましょう。ゴミやほこりはもちろん、机や椅子の傷み、破損なども見ておきましょう。名前のシール貼りはロッカー、玄関の靴箱くらいにして、机や椅子は生徒が来て調整してから貼ります。生徒の動線を意識してつくり、落ちや漏れがないようにしましょう。名前シールは居場所づくりにつながります（②）。わたしはシールをつくったり貼ったりしながら、生徒の名前をつぶやき、読みと漢字を覚えるようにしています。名前を覚えることは、生徒たちにとっての「頼れる人」（④）になるチャンスの1つでもあります。名前の読みと漢字はできるだけ早く覚えて、信頼関係をつくりましょう。

「学年通信」「給食だより」などの掲示物関係はCanvaでつくっています。右の二次元コードから読み取れますので、参考にしてください。資料には、配付物や掲示物を入れるかごにつける「配ってください」「掲示お願いします」などのメッセージを兼ねた掲示物も入っています。これは生徒が自ら動くシステムづくりにつながります。

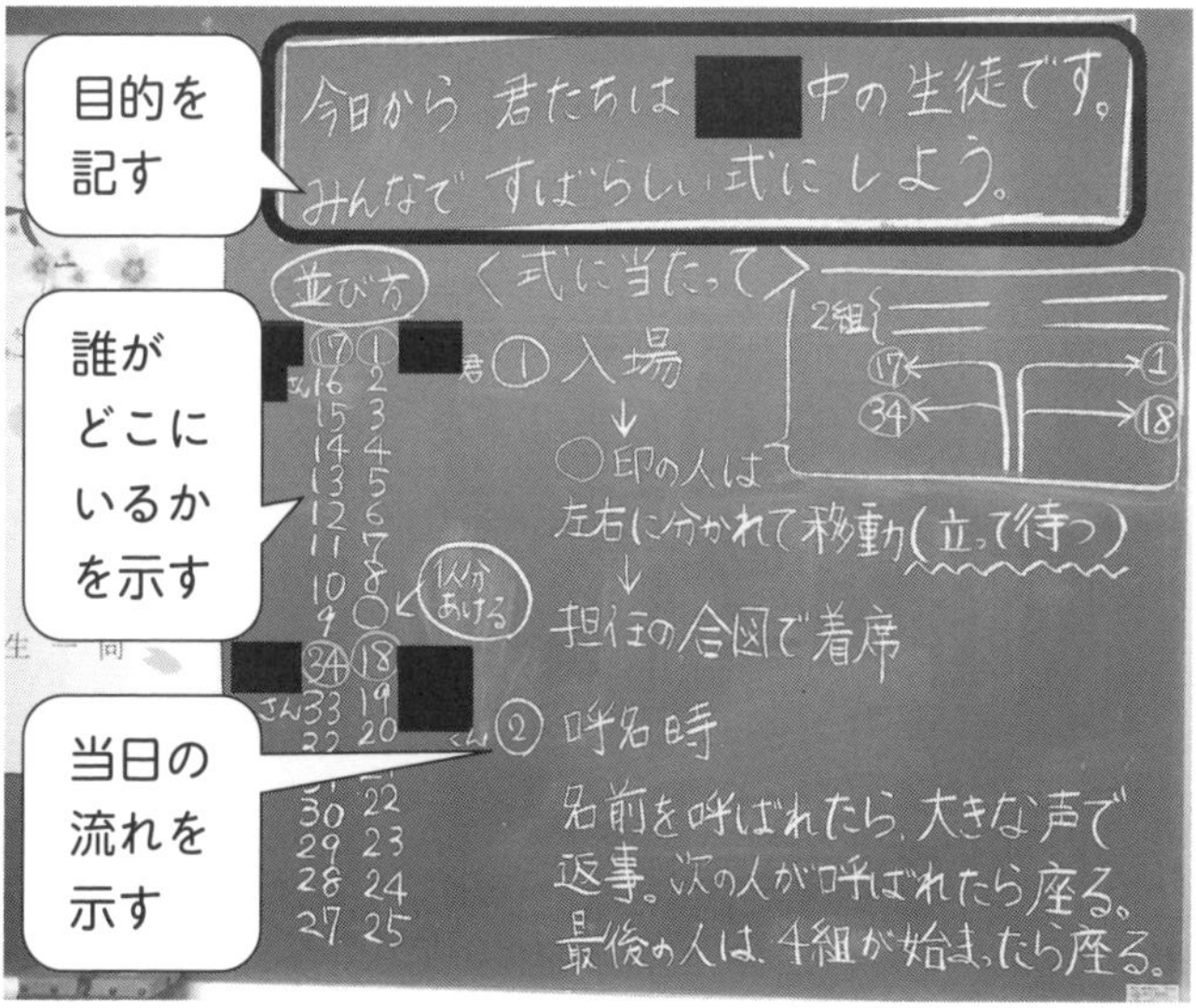

入学式当日

ここまで準備ができれば、あとは当日を待つのみです。視覚優位の生徒と聴覚優位の生徒、身体性優位の生徒がいるので、どの生徒も安心できる手立てを打って式に臨みます。視覚優位の生徒のために黒板には当日の流れを示す、聴覚優位の生徒のために図を用いて口頭で説明する、身体性優位の生徒のために実際に並んで並び順を確認するなどです。呼名の練習をしたあとは、困ったときは手を挙げて先生を呼ぶことを伝えます（③）。きっと、すばらしい出会いの1日となること、間違いないでしょう。

誕生日をみんなで祝う

誕生日はいくつになっても嬉しい

「先生、今日誕生日なの？」

「先生、おめでとう！」

誕生日の朝に生徒たちからこのように言われたら、1日幸せな気持ちで過ごせますよね。いくつになっても誕生日は嬉しいものです。

中でも中1の誕生日は特別です。慣れ親しんだ小学校とは異なるコミュニティで迎える誕生日。中学校で迎える初めての誕生日。「おめでとう」って言ってもらえるのかな。誰からも何も言われないかもしれない。自分から「誕生日なんだ」って言ったらおかしいかな…。こんな不安を感じる生徒もいるかもしれません。**誕生日は特別だからこそ、生徒の**

不安を解消し、安心感とわくわく感でいっぱいの1日にしてあげましょう。

「祝ってもらえる」という見通しと「どんなメッセージをもらえるだろう」というわくわく感。この2つとも保障して、喜び溢れる1日にします。

生徒主体で進める誕生日会

誕生日のお祝いも生徒主体で進めたいものです。とはいえ、4月に入ってすぐに誕生日を迎える生徒もいますよね。わたしは自己紹介のバースデーリングとランチトークを活用して（本章「ランチバズ～語り合う場づくり～」（p.90）を参照）、できるだけ早めに誕生日に関する話題を振ります。生徒から「やりたい！」を引き出し、「自分たちで運営したら面白そう！」と思えるような問いかけをしましょう。

最近は、生徒が係活動の一部に位置づけて運営してくれています。2024年度は以下のような手順で生徒が運営してくれました。

①バースデーラインを基に誕生日を確認。
②誕生日が近くなったら、バースデーカードのストックからその生徒に合ったカードを選ぶ（学級にバースデーカード専用ボックスを置いておく）。
③学級の4〜5人に声をかけバースデーカードにメッセージを記入してもらう。
④誕生日当日（土日祝等の場合は前後の日）、給食の時間にお誕生日会、司会進行する。牛乳で乾杯、バースデーカードを渡す。みんなで拍手！
（希望者はラミネートする。）

誕生日カードは、書くのが好きな生徒や得意な生徒たちが楽しく作成してくれます。枠はCanvaで数種類つくり、印刷してストックエリアに置いておきます。生徒たちが好きなものを選んで好きな時間に作成できるシステムです。

誕生日会は、全員の生徒が必ず主役になる日をつくる手立ての1つです。人に大切にされる経験を重ねた生徒は、人を大切にする人に育ちます。自分も周りも大切にする生徒を育てたいですね。

1学期

ランチバズ
～語り合う場づくり～

「みんなで語り合う場」がない！

生徒たちの仲が深まるのは、相手との共通点が見えたとき、相手の面白い面や意外な世界が見えたときです。しかし、日常生活で相手のそのような面を見る機会はなかなかありません。朝のスピーチは自分を知ってもらう時間として位置づけていますが、朝の会で使える時間は正味5分。スピーチを基に語り合うには時間が短すぎます。そこで給食の時間を活用します。

コロナ禍が落ち着き、給食の時間に黙食をする必要がなくなってきました。トークテーマを決めるのは有志であったり、係活動の1つに位置づいていたり、その年によって生徒たちと相談しながら決めます。係の活動の1つとして組み込むと、比較的責任をもってや

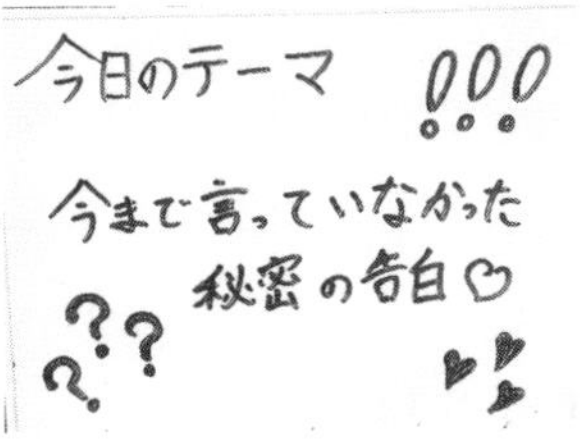

ってくれるようです。活動のおよその流れを以下に示します。

①前日までにテーマを決めてホワイトボードに記入（上の図）。
②当日朝までにホワイトボードを掲示。
③給食の時間に係の子が口火を切ってテーマについて話す。

このように、みんなで語り合う場を日常に位置づけることが大切です。

テーマは小さなこと・みんなが話せること

語り合う場をつくるためには、テーマ設定も大切です。大きすぎたり硬すぎたりするテーマでは話が盛り上がりません。「好きな○○」シリーズはバリエーション豊富でおすすめです。

盛り上がることも大切ですが、忘れてはいけないのは生徒の体験格

【テーマ例】　※生徒たちから出たテーマの一部です
・入ってみたい部活　　　・好きなおにぎりの具
・○○（季節）になったら食べたいもの
・きのこの山 vs たけのこの里　　・海派？山派？
・祭りで外せないこと　　・好きな鍋料理
・三者面談で言われたくないこと
・期末テストで一番自信がある教科

差が生じにくい内容にすることです。学校関係のネタは安心です。4月の初めであれば気になる教科の先生、行事があれば楽しみな活動など、学校が楽しくなるテーマを助言しましょう。また、過去の経験だけではなく未来を意識した問い（行ってみたい、やってみたい等）にすると答えやすくなります。全員を巻き込むには選択肢のある問いがおすすめです。宗教関係やLGBTなどへの配慮も忘れずに。

理想は生徒同士で語り合えることですが、最初は難しさがあります。教師主導でスタートし、少しずつ生徒たちに委ねていきましょう。

「給食の時間をどのような時間にしたいか？」

「みんなが楽しめる時間にするために必要なことは？」

など対話から留意点を抽出し、具体的な行動が出てきたら価値づけします。最初はファシリテートが必要ですが、少しずつ生徒同士で話がつながるようになってきます。

「今の○○さんの『どうしてそう思ったの？』っていう質問で話がつながったね」

「○○さんのうなずいている表情、いいなぁ。給食がおいしくなるね」

「みんなで会話がつなげられるのは聴く力も話す力もついている証拠。すごいなぁ」

そんな合いの手を入れながら、生徒たちの様子を笑顔で見守ります。話していない生徒の表情を見ながら働きかけ、全員にとって居心地のよい時間になるよう心がけましょう。

生徒のアイディアを生かして活動を発展させる

この活動は自治的活動にもつながります。わたしが担任したクラスの生徒たちはテーマを設定せずにクイズ大会のように選択肢を書いたり、なぞなぞを出したりと工夫し始めました。生徒がGoogleフォームを活用してテーマや「この時間にやりたいこと」自体を募集したこともあります（次ページ「ＩＣＴ技術を生徒に手渡す」を参照）。

偶発的なアイディアを生かしながら、生徒とともに楽しい時間をつくりたいものです。

1学期

ICT技術を生徒に手渡す

生徒の発信力を上げる

1人1台端末が普及したおかげで、生徒が集団に働きかけやすくなりました。生徒の実態によりますが、生徒たちが自分の判断で学級に発信することも可能です。次の図は合唱コンクール直前のクラスルームの投稿です。投稿の判断基準は学級全体に関わることかどうかですが、迷ったら必ず担任に相談するように伝えています。

生徒を輝かせるICT

Google は学級づくりに活用できるツールが数多くありますが、特に活用できるのは

[redacted]
2023/11/06 （最終編集: 2023/11/06）

アルトパートさんへ
明日は練習が最後という事もあり、いつもより10分早く8：00には始めたいと思います。途中参加でも良いですが、なるべく早く来てくれると嬉しいです。

[redacted]
2023/11/02 （最終編集: 2023/11/06）

男性パートの今日の改善点

・【あるーところー】のあ，の1・2・ラスサビ全ての部分で音を出すタイミングがバラバラ..

・低いミ（まっかなー‥のま，大きな怪獣‥のお）の音は聞こえずらいからはっきりと

・高いミ｛1・2回目の（あるーところー）、ラスサビの（あるーところー）など｝の音を出す時に汚い声にならないようにする

・女子soli部分での男声の（4番目の音=ド♯など）のメロディー

「フォーム」と「keep」です。フォームの作成ができると、生徒でも意見集約が容易になり、生徒たちが学級に働きかけやすくなります。keepを活用できると文字起こしが容易になり、手書きの文からスライドやドキュメントの作成がしやすくなります。わたしが注目しているのは、これらの技術を生徒たちに手渡すことで技術の学び合いが起こり、生徒にとっての学級の居場所感が増すことです。

Tさんはいつも大人しく、テストはよくできるのですが、休み時間はいつも静かに教室で過ごしていました。わたしは彼のことが気になり、1学期半ばに声をかけました。フォームの作成に興味があるか確認し、作り方を伝え、あるアンケートの作成をお願いしました。Tさんは翌日にアンケートを作成し、クラスルームに流してくれました。

「これ、Tさんがつくったの？」と生徒たちは興味津々。Tさんにフォームの作り方を教えてもらおうと殺到しました。技術指導は全員に平等に伝えるだけではなく、興味をもった一部の生徒に伝えて、その生徒に発信してもらうことが有効な場合もあります。この「口コミ効果」を活用すると「ありがとう」のサイクルが生まれて、生徒たちの自尊心も高まります。

技術を手渡し、自走を促す

フォーム作成の方法については、

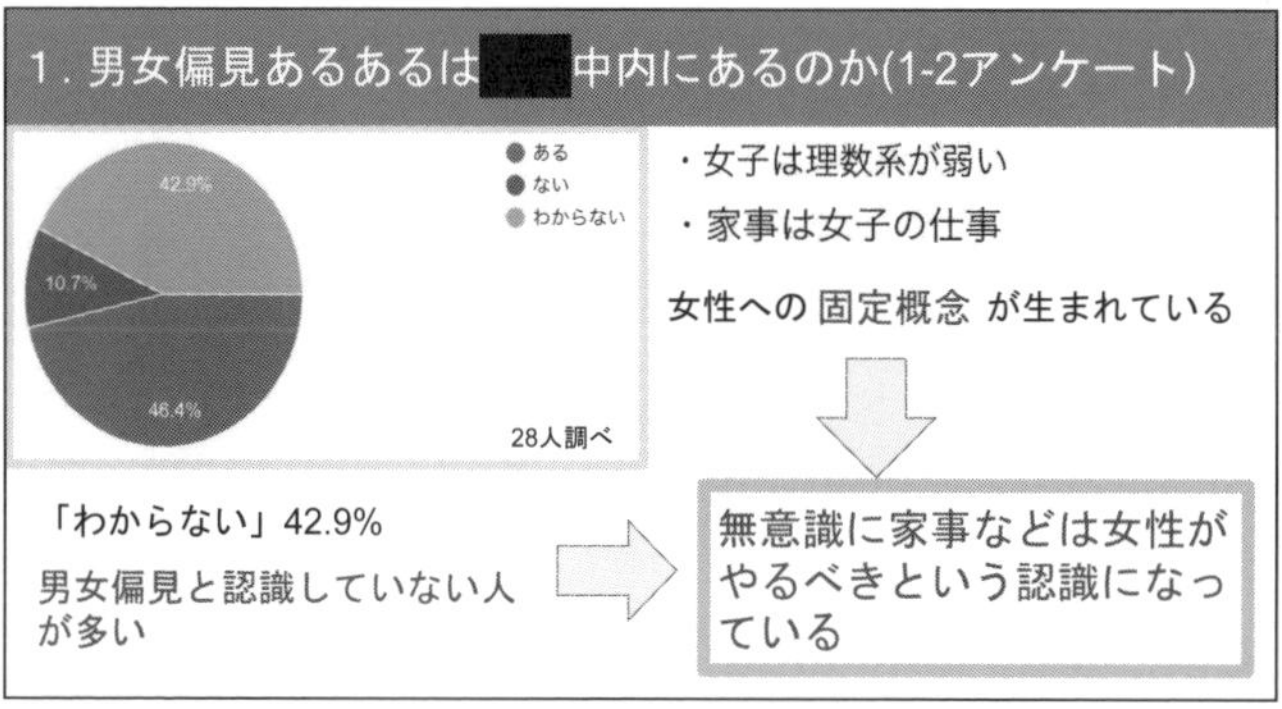

二次元コードで解説しています。一度覚えてしまうと担任業務も楽になるので、生徒たちに伝える前に、先生ご自身で一度作成してみることをおすすめします。

フォーム作成技術は1学期～2学期前半に伝えておくのがおすすめです。上の図は、生徒たちが総合的な学習の時間に作成したスライドです。グループに分かれて、ＳＤＧｓに関する探究活動を進めていました。この生徒たちは自分で判断してアンケートを取り、結果をスライドにまとめました。アンケート作成と集計は初めてで、かなり時間をかけていましたが、本人の満足度は高くとても楽しかったようです。

今、生徒たちのＩＣＴ技術の向上が求められています。技術の向上も大切ですが、これらは人を幸せにするためのツールです。技術と同時に人としての在り方や意識も高め、互いの幸せをつくり出せる人を育てましょう。

1学期

「感謝を伝え合う」活動で6月危機を乗り越える

6月危機とは何か

学級には年に3回危機が訪れると言われています。6月、11月、2月です。この理由は諸説ありますが、幸せホルモンと呼ばれる「セロトニン」の変化が原因の1つだそうです。セロトニンは季節により分泌量が異なります。春から夏にかけて上昇し、夏から秋にかけて急に落ち込み、冬は最も分泌量が少なくなるのです（※1）。この分泌量の急激な変化が、心を不安定にする要因の1つになっていると指摘されています。

セロトニンと同様に幸せホルモンと呼ばれているのが「オキシトシン」というホルモンです。セロトニンは精神を安定させるホルモンですが、オキシトシンはストレスを緩和させるホルモンだそうです。オキシトシンの季節による分泌の変化は報告されていませんが、以下の行動を習慣化することで分泌が促進されると言われています（※2）。

①スキンシップを取ること
②人と見つめ合うこと
③会話や団らんなど、人と心を通わせることをすること
④見返りを求めず誰かの役に立つことをすること
⑤人に感謝すること
⑥よい香りを嗅ぐこと
⑦植物を育てること

ここで注目したいのは、⑤の「人に感謝すること」です。「ありがとう」を伝え合う活動の大切さは科学的な根拠もあるということです。

日常的に感謝を伝える（第5章「「ありがとう」「嬉しいよ」をフル活用して主体性を引き出す」（p.184）を参照）だけではなく、トピック的に行う活動も効果があります。以下具体例を紹介します。

感謝の思いを手紙に託す

左の写真は、生徒会が主体となって行っている「〇〇（学校名）の木」という活動です。生徒朝礼で生徒会が説明し、各学級の代表委員（学級委員）とボランティア委員が中心になって行っています。手順を以下に示します。

①隣の席の人のよいところを具体的に書く（実施日時1週間前に告知する）。
②木の幹は代表委員が描き、手紙が書けた生徒は枝や幹に貼る。

全3回実施すると上の写真のようになります。最初の2回は葉の形をした手紙に書き、3回目は花の形の手紙に書きました。

この活動のポイントは、具体的な場面を書くよう促すことです。「いつも優しくしてくれてありがとう」では相手の心には響きません。

「数学の時間に悩んでいたら声かけてくれて嬉しかったよ。ありがとう」「詩のテストの後、よかったよって言ってくれて安心したよ。ありがとう」など、具体的なエピソードを共有することが大切です。生徒自身の「人をみる目」が問われるのです。

具体的に書けるようにするためには、例示だけではなく、日頃の教師の言葉がけが大切になります（第4章「言葉がけで個の成長を促す」（p.162）を参照）。

生徒たちの語彙を増やして、自分の思いを豊かに伝えられる人を育てていきたいですね。

【参考文献】
（※1）https://weathernews.jp/s/topics/202301/200125/
（※2）Jeg（2023）『しつこい不安感が必ず消える セロトニン復活ストレス解消法』

1学期

生徒が動くのを「みる」「待つ」「喜ぶ」

すべては「みる」ことから始まる

教育を語る上で欠かせない四字熟語に「啐啄同時《そったくどうじ》」があります。「啐」は雛鳥が卵から出ようとして卵の内側から鳴くこと、「啄」は親鳥が卵の殻を外側からつつくことを意味します。このタイミングと力加減が重要で、親鳥が殻をつつくのが早すぎると雛は生まれることができませんし、強く叩きすぎては卵の中の雛鳥が死んでしまいます。親鳥は卵の中にいる、まだ見ぬ雛鳥を想像して、絶妙の力加減で殻をつつくのでしょう。雛鳥は生徒、親鳥は生徒を取り巻く大人として例えられます。

わたしたち大人はときに、よかれと思って先回りをしてしまうことがあります。日直が朝の会をしようと前に出ようとしたときに声をかける。給食当番の生徒がやろうかな、と動き始めたときに指示を出す。これでは生徒の主体性は育ちません。「親」という漢字は木の近くに立って見る、と書きますよね。今この生徒が何をしようとしているのかを「みる」こと（第1章「生徒をみる解像度を上げる」（p.20）を参照）、そして自ら動こうとしていると判断したら「待つ」ことが大切です。**すべての教育活動は生徒を「みる」ことから始まる**ことを、常に心にとめておきましょう。

生徒同士の相互作用と教育力を信じる

赤坂（2017）はパレードの法則を例に挙げ、集団の二・六・二の原則に基づくと、学級のおよそ2割の生徒たちは教師に協力的であり、6割の生徒たちはどっちつかず、残り2割の生徒たちは非協力的であると述べています。生徒たちが給食当番を自分からやらない、と嘆いて非協力的な生徒たちに指導する前に、動いている生徒がいることに気づきましょう。そして、その生徒には次のように必ず声をかけましょう。

「自分から給食着に着替えて準備してくれてるね。嬉しいなぁ」

ほめるのではなく喜ぶ。これが原則です。給食当番にも関わらず遊んでしまう生徒もいますが、しばらく様子を見ます。教師の視線を感じて動く生徒が見えたらすかさず声をかける。生徒同士で声をかけ合う場面を見つけたらラッキーです。その生徒たちにはすぐに声をかけて嬉しい気持ちを伝えます。即時的なフィードバックが生徒の心を育てる鍵の1つです。

待っても動かない生徒への対応は

4月初め、待てども自分からは動かない生徒がいたときはどのように対応すればよいでしょうか。動かない理由を尋ねることが大切です。忙しい時期ですが対話を重ねましょう。「どうしたの?」「給食当番だよね。仕事内容わかる?」等と問いかけ、言葉と感情のやり取りをします。わたしが担任した生徒は「小学校の頃は全然給食当番をやらなかったから、何をすればいいのかわからない」「給食当番をしたら嫌な思いをしたから、もう二度とや

りたくないと思った」「自分が給食当番だと知らなかった」等と話していました。やり方がわからないなら丁寧に教える、他の人と組んで教えてあげるよう促す、嫌な思いをしたのならまずそれを吐き出させてから行動を促す。目の前で起こっている事実だけではなく、行動の理由を深く見ようとすることで、その生徒のことがよくわかり、信頼関係が構築されていきます。どの生徒ももっている「見つめられ欲求」を生徒一人ひとりに応じた形で満たすことが、生徒にとっての安心・安全な場につながり、主体性を支える基盤となるのです。

【参考文献】
・赤坂真二（２０１７）『スペシャリスト直伝！　主体性とやる気を引き出す学級づくりの極意』（明治図書）pp.124-125

1学期

プラスのフィードバックを出し続ける

こんな生徒を見つけたらどうする?

生徒の姿をどのように捉えるかで、その生徒との関わり方は大きく変わります。以下のような生徒がいたら、どのように声をかけますか?

Eさんはいつも落ち着かない生徒です。授業中に友達をつついたり、休み時間にけんかをしたりして、よく指導を受けています。ある日、出張の関係である先生に自分の教科外の自習監督をお願いされました。課題も出ています。最初は静かに課題を解いていましたが、25分ほどでEさんは友達をつつき始めました。

大切なのは、声をかけるタイミングとかける言葉です。みなさんは、以下の①～④のどれに近いでしょうか。

①「何してるんだ。勉強しなさい」と厳しく話す。

②「今はまだ授業中だから友達をつつくのはやめよう」と話す。

③「もう少しだから集中してがんばろう」と励ます。

④「今、何の時間だと思う？」と質問する。

わたしは若手の頃、①～④の順に指導をしていましたが、あまり効果を感じませんでした。今ならこのように声をかけます。

「すごい集中力だったね。25分集中できたよ。最長記録！」

普段から指導されることが多い生徒は、大人から見て気になる言動が多く、マイナス面を指摘されることに慣れてしまっています。生徒たちの心に言葉を届けるには、プラス面に目を向ける姿勢が必要です。

集中力が切れる前に「すごい集中力！　集中時間最長記録が更新できるかな」等の声かけをするのも効果があります。指導される生徒の行動は「見てほしい」思いの裏返し。こちらが「がんばりをみてるよ」というメッセージを発信し続けることで生徒は変わります。

4次元で人をみる

田中（2014）は、生徒を見るときにそのときの一点を見るのではなく、そこに至るまでの経緯や因果関係を見ることが大切だと述べています（※1）。

生徒の言動は今までの生育環境や人間関係、そのときの心境が大きく関わっています。3次元の世界を生きているわたしたちですが、時間軸を含めた4次元で人をみることが大切です。特に、きつい言動が気になる生徒は、普段からきつい言葉を浴びていたり、過去に人からきつく当たられたりしていることが多いようです。**人を傷つける生徒は傷ついている生徒**なのです。そんな生徒ほど、できたことを認め、励ます言葉をかけましょう。

定点観察＋捉え方変換がプラス思考を生む

４次元で人を見るためには、生徒たちの姿をいつもみていること、過去の生徒たちの様子を覚えていることが大切です。わたしは覚えるのが苦手なので、カルテをつけるようにしています（第1章「見取りの偏りと癖を自覚する」（p.28）を参照）。

生徒のちょっとした成長が見えるようになると単純に嬉しいものです。その喜びを伝える。これを繰り返します。赤坂（２０１７）は温かな日常をつくる極意の１つとして「相手の成長を促す」ことを挙げ「以前よりも少しでもよくなっていることがあったら、すかさず、そこを指摘する」ことの大切さを述べています（※２）。人は変わるし成長します。一番変える必要があるのは大人側の固定化された見方なのかもしれません。

【参考文献】
（※１）田中博史（２０１４）『子どもが変わる接し方』（東洋館出版社）
（※２）赤坂真二（２０１７）『スペシャリスト直伝！　主体性とやる気を引き出す学級づくりの極意』（明治図書）pp.124-125

2学期

一人ひとりに合った言葉で主体性を育む

「もっと帰りの会を早くしたい」

日々の生活の中で、生徒たちから思いや願いが出ることがあります。これは成長を促すチャンスです。例えばこんな意見をもらったことがありました。

「うちのクラスは帰りの会が遅いと思います。もっと帰りの会を早く始めて早く終われるようにしたいです」

みなさんだったら、どのような言葉を返しますか。

この意見をくれたIさんは、あまり意見を言わない生徒でした。4月は友達との関係も希薄に見えましたが、少しずつ交友関係が広がり、友達同士のつながりが深まっているように見えました。担任が帰りの会の時間を調整することもできますが、これはIさんが主体性を発揮する絶好のチャンスだと考え、わたしはこのように返しました。

「なるほど。もっとクラスをよくしたいって視点で考えたんだね」

「どうしてそう思ったの？」

Ｉさんはしばらく考え、このように答えました。

「掃除が終わってすぐに帰りの準備をせずにだらだらしている人がいる」

「早く準備が終わってもおしゃべりをしている人がいる」

「わたしはもっと早く始められると思う」

彼女はかなり長く、熱く語ってくれました。Ｉさんは問題意識が高く、周りをよく見ている生徒であることがわかります。

この問題意識はクラス会議で取り上げられ、学級全体の意識向上やシステム改善につながりました。その結果、Ｉさんの学級への関心が高まり、積極性が増したのです。生徒自身が切実に感じる問題を基に、生きた問題解決ができた瞬間でもありました。

かける言葉で生徒は変わる

生徒が意見を伝えてきたときは、一人ひとりに応じた対応をすることが大切です。もし1学期にIさんから上記の内容を指摘されたら、今回とは異なる対応をしたでしょう。しかし、周りの関係性ができてきている今だったら、自分から動き学級全体に働きかけることを促しました。1学期に耕した安心・安全の土壌があれば、生徒一人ひとりが何かに挑戦したり、乗り越えたりする範囲を広げることができます。

「受容＋問いかけ」で安心・安全と成長の両軸を保証する

宗實（2024）は、言葉がけが主体性に与える影響と言葉がけの心得について整理し、言葉がけの心得について（1）積極的な質問（2）共感的な対話（3）アクティブリスニングの3つを示しています。

わたしが特に重視していることは「積極的な質問」です。以下のように分類できます。

①問題意識を具体的な課題にする問い
問題意識をよりよい生活づくりのための材料にするか、不満や愚痴にするかの分かれ道となるのがこの問いです。不満は日常生活を向上させるチャンスと捉えます。

②自分がやりたいことや目標、理想とする姿を自覚化できる問い
目指す学級のイメージや自分の姿を明らかにします。ゴールイメージをもつことで具体的な解決方法を考えるきっかけと具体的なステップが見えてきます。

③自分が解決する主体であることに気づける問い
問題を解決するのは大人ではなく、自分であることに気づけるよう促す問いです。

生徒の今までの成長を捉え、一人ひとりに応じてかける言葉を選んで、安心・安全と成長をともに保証できるよう心がけましょう。

【参考文献】

・宗實直樹編（２０２４）『子どもの主体性を育む　言葉がけの作法』（明治図書）pp.21-22

2学期

生徒の本気に火を点ける行事マネジメント

集団が成長も分解もする諸刃の剣

日常の忙しさが増す要因の1つに、体育大会や合唱コンクール、文化発表会などの学校行事があります。行事は生徒たちが目に見えて成長するきっかけにもなるのでがんばらせたいところ。一方で、教師が熱くなりすぎると生徒が引いてしまう、一部の生徒たちが非協力的など、悩みも尽きません。また、行事までは成長しているように見えた生徒たちが、行事が終わった途端バラバラになってしまい、いわゆる燃え尽き症候群に陥るケースもあります。これは、行事を成功させること、勝つことが目的になっているからです。

また、学校行事そのものが苦手な生徒もいます。行事に向けて一致団結することに価値を見いだせない生徒、集団が苦手な生徒、体育や合唱が苦手な生徒…。このような生徒たちの思いも汲み取った行事マネジメントを心がけたいものです。**行事は目的ではなく、集団を成長させる過程と捉えましょう。**

まず描くのは「なりたい自分」

スタートは、2学期の初めに立てた目標の振り返りです。体育大会が9月中の実施であれば、2学期の目標設定の際に意識するとよいでしょう。まずはこんな話をします。

> **みなさんは、もっとこんな自分になりたいな、という自分のイメージがありますか。わたしたちは、なりたい自分になる力をもっています。でも、なりたい自分になるためには3つの鍵が必要です。**

ここで『7つの習慣』に出てくる1つ「すべてのものは二度つくられる」話をし（※）、①なりたい自分のイメージをもつ、②なりたい自分に近づく方法を知る、③なりたい自分になるための行動をとる、ことが必要であることを話します。

マンダラチャート（目標設定シート）

作成日：2024 年 10 月 15 日　メモ：[redacted]

気づかい	ダンスを愛する気持ち	人とのコミュニケーション	自分自身を研究する	先生、見本を観察する	苦手な事を知る	体幹	筋トレ	ストレッチ
視野を広く	人間性	協調性	日々の姿勢を気をつける	努力	表現の仕方を工夫する	身体のメンテナンス	基礎	重心がブレないターン
人に好かれる人間	尊敬される人間	社交性	身体のメンテナンスをする	可動域を広げる	シルエットの研究	自分（個性）をもつ	体力	アイソレ
心を強く	意思をもつ	自分自身をきたえる	人間性	努力	基礎	自己表現の精度を高める	コレオをつくる	理解力を深める
自分を信じる	メンタル	自分とたたかう	メンタル	プロダンサー	感性	動画を見る	感性	踊ることを楽しむ
ダンス愛	自分を信頼する	味方と思える人をつくる	美	人脈	創造力	音楽を聴く	自分自身と向き合う	向上心
シルエット	表情管理	かがみと友だちになる	WSに行く	1回1回のレッスンを大切に	コミュニケーション	見せ方のバリエーションを増やす	レッスン中に自分だったらこうすると考える	1度踊った曲／振りを[illegible]
立ち姿	美	止まることも踊ること	PLに行く	人脈	あいさつ	コレオをつくる	創造力	紙に書きおこす
後ろ姿	外見を磨く	全身に気を配る	ナンバーに参加する	SNSのチェック	明るく、元気、素直	音楽と向き合う	振りを覚えて身にする	頭で考える

ここで出すのが、マンダラチャートです。大谷翔平選手が高校生のときに書いたものが有名ですね。大谷選手は球場で進んでゴミ拾いをする姿など、人間性の素晴らしさでも有名なスポーツ選手ですが、直筆のマンダラチャートにはこれらが具体的な行動として示されているので、ぜひ生徒たちに見せながら活動を進めてください。

上の図は、わたしのクラスの生徒が書いたマンダラチャートです。なりたい自分のイメージがもてない生徒には、定期テストや部活で出したい結果をきいて選択肢を示します。生徒の自己決定を大切にして取り組みましょう。

自己開示と目標設定でやる気を引き出す

個人の目標が決まったら全体で話し合います。テーマは「行事を通してどのような力をつけたいか」。なりたい自分を基に自分たちがつけたい力を見つけます。

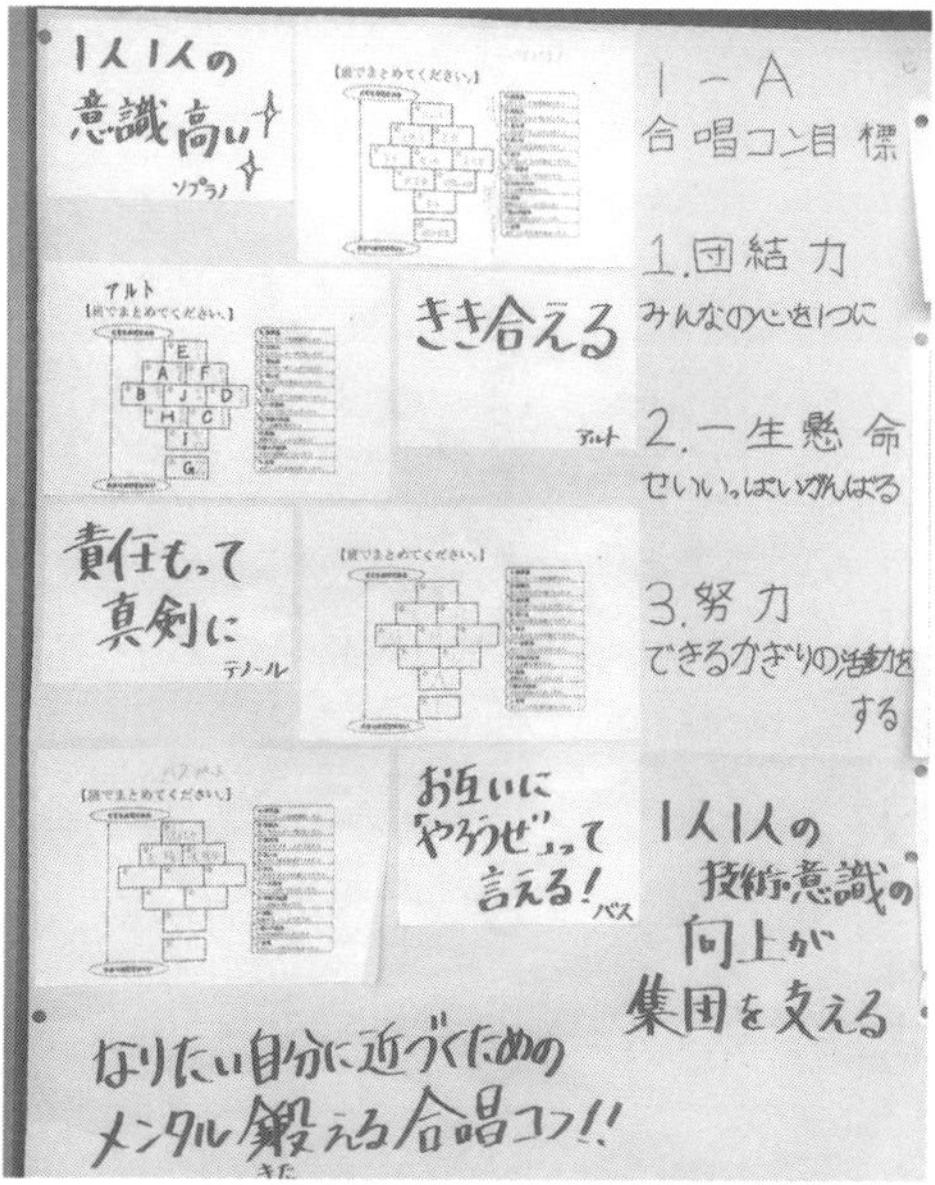

合唱コンクールのときはパートごとに話し合い、学級全体の目標を決めました。この話し合いの後の練習は見違えるように変わりました。ふざける生徒は誰もいません。自己実現につながる行事を心がけ、生徒の心の中にあるやる気と本気を引き出しましょう。

【参考文献】

（※）スティーブン・R・コヴィー（1996）『7つの習慣』（FCEパブリッシング）

2学期

生徒が変わる三者面談

三者面談は学校行事よりも緊張する

多くの学校では中1から三者面談が行われます。保護者は生徒の生活に大きな影響を与える存在。内容次第でスマホやゲームの使用制限がかかるかもしれないと、体育大会などの学校行事より緊張する生徒もいます。わたし自身、初めての面談はかなり緊張しました。信頼を高める機会ですが信頼を失う場合もあります。事前準備は必須です。

三者面談に向けて何を準備するのか

三者面談では、一般的に以下のような話題が出ます。

①学習面（授業の様子、各教科の得意不得意や力の伸ばし方、提出物の様子など）
②生活面（授業外の様子、交友関係、部活動など）
③特別活動への取組（行事での様子、係活動や委員会への取組など）
④進路（将来就きたい職業、進学先、進学可能な高校など）

1年は①学習や②生活の話題が中心ですが、長子の場合は④進路についても話が及びます。勤務校の進学先や通学可能な高校などは調べておくと安心です。③特別活動に関しては行事等で活躍したエピソードを出します。生徒のがんばりを称え、活躍した喜びを分かち合うと互いの距離が縮まります。笑いが起こる三者面談を心がけたいものです。

生徒の前向きな姿勢をほめ、親子ともに安心感を与える

Aさんはちょっと気になる生徒でした。友達に心ない言葉を言ったり、手が出たりすることがあり、繰り返し指導を受けていました。小学校から注意されることが多かったよう

です。ただ、わたしが担当する理科の授業では実験に進んで取り組む姿が見られました。ふざけることはありましたが、授業後の振り返りには前向きな言葉も記されていました。

三者面談では、Ａさんの保護者は成績を悲観し「理科が嫌いみたいです」等と不安を口にしました。保護者の不安を受け止めた後、わたしはこう答えました。「心配される気持ちはわかりますが、本人にはがんばろうとする姿勢が見えます」。Ａさんは真剣な眼差しを向け、保護者の目には涙が浮かんできました。

「もしかすると、Ａさんは行動面で誤解されることが多く、傷ついてきたこともあったかもしれません。でもＡさんはもっと伸びます、大丈夫です」

ここで保護者の目から涙がこぼれました。言葉少なく、お礼を言って帰りました。

翌日から、Ａさんの様子が大きく変わりました。素直さが出てきて、心ない言葉も少なくなりました。悪いことをしたときは自分から素直に言うようになりました。

生徒を変えるのは周囲の大人ではなく、生徒自身です。この親子は、責められたり辛いことがあったりするときつい言葉を言ってしまう傾向がありました。きつい言葉は、自分のことを認めてほしい、わかってほしいというメッセージだったのです。言葉の表面だけを捉えずに、生徒の内面や本当に伝えたいことを見ようとすることが大切です。

準備すると安心♥資料一覧

わたしが三者面談の際に準備しているもの、過去に準備したものを挙げます。

①**学習**　定期テストの点数の推移、テストの点数レーダーチャート、1学期の通知表（評定のみ）、授業中の振り返り、提出物の提出状況がわかる資料

②**生活**　生活ノートの記述のコピー（生徒特有のエピソードがわかるものや赤ペンを入れたやり取り）、整理したカルテ

③**特活**　写真資料（教室の掲示物を見せる場合も）、集団を高めるためにつくった制作物、関連記事が載っている学級通信

④**進路**　進路希望調査等の結果、勤務校の進学先一覧

波線は保護者に渡す資料として準備し、残りの資料は事前に目を通して保護者には見せません。生徒も保護者も心が動き、前向きになる機会をつくりましょう。

3学期

成長の軌跡をビジュアルで見る

教室掲示は動きをつける

今までの積み重ねが現れる3学期。行事も落ち着き、次の学年への接続を考える中で、自分たちの成長を確認したい時期でもあります。そこで注目したいのが教室掲示。ずっと貼りっぱなしで「死んでいる」掲示物はないでしょうか。

例えば学級通信を見てみましょう。教室掲示用の学級通信は上から重ねて掲示することが多く、載せた写真も書いた記事もみえなくなりがちです。学級通信の目的が「全員を輝かせること」である場合は、思い出機能として活用できます（※）。時間を割いて生徒たちの活躍や成長を載せたものであるほど、活用しない手はありません。

例えば、バースデーリングの掲示物のように、ボール紙を切り取って貼り付けて掲示で

るシステムをつくれば、生徒でも簡単に華やかな掲示物をつくることができます。掲示係にアイディアを募ってもよいでしょう。

「みんなが見て楽しくなる掲示物をつくろう。どんな掲示があるといいと思う？」

等と声をかけながら進めます。敢えて空きスペースをつくって、そのときを思い出しながら係の生徒に感想を書いてもらうのもいいでしょう。好きな生徒がいればコラージュをつくっても面白いかもしれません。掲示物で大切なのは、変化をつけて見てもらえるようにすること。学級の生徒たちと相談し、生徒たちが更新できるシステムをつくると、動きのある生きた掲示ができます。

写真を印刷して掲示するだけで振り返れる

学級通信を発行していない場合でも、写真を整理するだけで今までの成長の様子を振り返ることができます。例えば、左の写真のようにパソコンのフォルダに入れた写真をＡ４に印刷して掲示します。入学式の初々しい姿、初めての宿泊行事、体育大会や合唱コンクールなど、写真を見るだけで思い出がよみがえります。

人間の脳は感情を伴う体験をよく覚えているので（第４章「「学習内容」×「感動」で共有体験を積み重ねる」（p.138）を参照）、掲示物を通して思い出がよみがえり、がんばった実感や大変さを乗り越えた感動をかみしめることができます。２学期までで歩んできた軌跡が、未来を歩む生徒たちの心の支えになるのです。

生徒がスライドショーを作成する手順

【iPad】	【パソコン】
①写真アプリを開く ②写真グリッドを表示してから、「選択」をタップ ③使いたい写真をすべてタップしてから、その他ボタンをタップ ④「スライドショーで再生」をタップ	①思い出の写真や動画をGoogle フォトにいれる ②左側から「アルバム」を選択・作成する ③制作したアルバムをタップ ④右上のその他アイコン（「…」）をタップ ⑤「スライドショー」をタップ

手軽にできる「思い出アルバム」づくり

学校でGoogleアカウントが使えれば、フォトアプリを活用したアルバムも生徒が作成できます。アルバム作成実行委員を立ち上げて作成をお願いするとよいでしょう。上記のような手順で簡単に作成することもできますし、得意な生徒がいたら音楽や演出まで考えて作成してくれます。

学年で「解散パーティー」などを実施する時間があれば、それぞれのクラスで企画から運営まで実施できると、自分たちの活動を基に自分たちの成長の軌跡を辿ることができます。

【参考文献】
（※）川端裕介（2024）『子どもを「その他大勢」にしない学級づくり』（明治図書）pp.122-125

3学期

カウントダウンカレンダーで2年生にジャンプ!

3年間を見通して活動を仕掛ける

中3の担任をしたことがあれば、きっと一度は実践したことがあるカウントダウンカレンダー。わたしのクラスは毎年つくっています。中学1年は中学校3年間の礎となる大切な時期。3年間を見通し、ここで多くの経験を重ねておくと、学年が上がったときに生徒が主体的に活動を考えられるようになるからです。教師からの働きかけは「こんな活動もできるよ」「ここまで自分たちで自由に活動できるんだ」と生徒自身がつくっている「自分たちの裁量でできる」枠組みをゆるめたり、再構築したりするきっかけになります。3学期は生徒発信の活動が多くなる時期ですが、必要に応じて教師が提案することも大切です。

生徒の力をフルに生かした学級納め

カウントダウンカレンダーは全員余裕をもってかいてもらえるように、3学期初めに呼びかけて逆算して考えます。いきなり呼びかけるのではなく、このように問いかけます。「今日から3学期です。このクラスで過ごせるのは、あと何日だと思いますか」ランダムに答えてもらっても、選択肢を用意してもよいでしょう。6年生でカウントダウンカレンダーを経験していると、ここで「カウントダウンカレンダーをやりたい！」「最後にみんなで企画してお別れ会ができたらいいな」等の意見が出ることもあります。意見が出たら企画・運営者を募ってお願いしましょう。ＩＣＴ専門部も活躍できます。

生徒発信の活動を円滑に行うには学年教員の協力が不可欠ですので、冬休みに学活の予定を確認したり、事前にお別れ会についての相談をしたりしておきましょう。

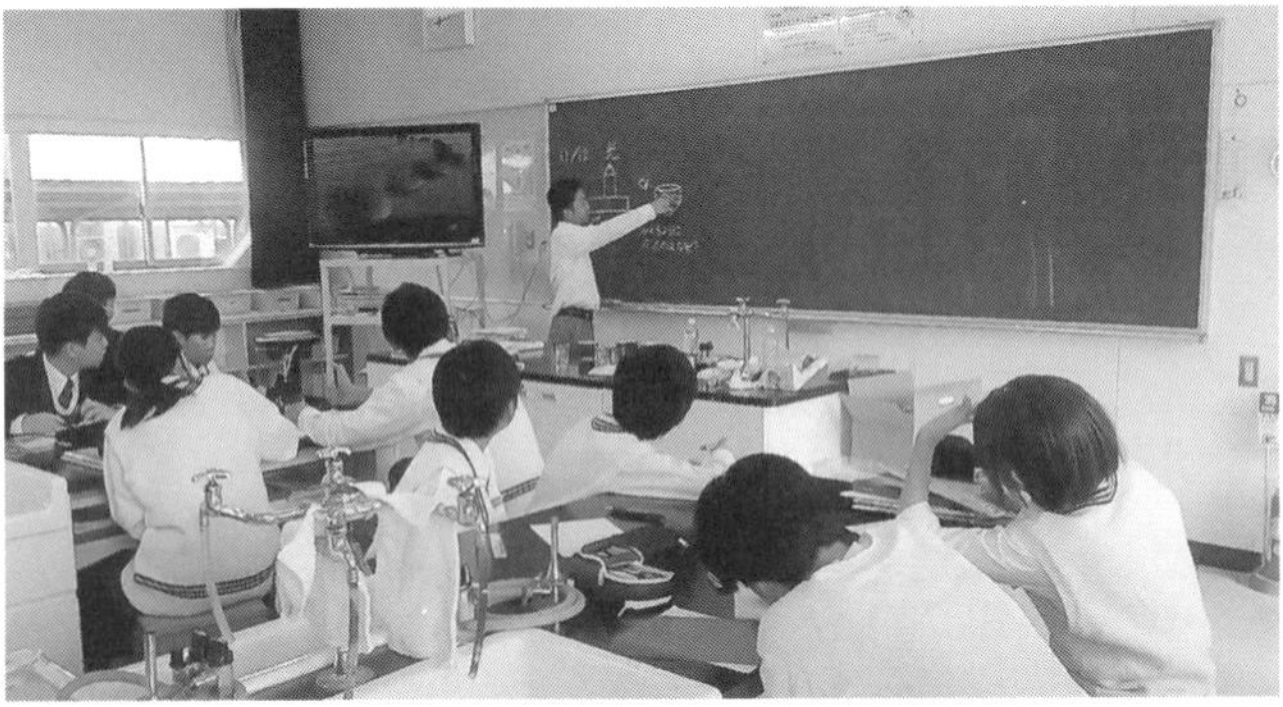

2年に進む原動力を培う

学級納めは1年を通してつけた力を実感できる活動を仕組むことが大切です。「自分は結構やれる存在だ」「自分は誰かの役に立っている」という思いを抱くことは、自尊心を高めやる気を生み出します。

生徒発信の活動が難しければ、3年間の中学校生活の基盤をつくる時期と捉え、教師から企画を提案してメンバーを募集してもよいと思います。足りなさを感じたら指導をし、3年間で生徒を育てることを目指してゆったりと構えましょう。何をするかに傾倒するのではなく、今の生徒にとって必要なことを見極めて温かく関わる。教師の温かさと余裕が、生徒にとって一番の安全基地となり、成長の土壌となるのです。

第4章
安心して学び合える授業づくりの勘所

「聴き合う」文化をつくる

4月の指導は「聴く」ことから

読者のみなさんは、聴くことと話すこと、どちらがより難しいと思いますか？
学習指導でも生活指導でも、最もわたしが力を入れるのは「聴く」指導です。生徒一人ひとりの聴く力が伸びて聴ける集団となれば、話すことは難しくないと思っています。

コミュニケーションはまず、「聴く」ことから始まります。

これから生徒が歩む人生を考えても、自分が話す時間よりも話を聴く時間の方が圧倒的に長くなります。相手の話を聴く心構えとスキルは、生徒の一生の宝物になるのです。

生徒の「聴く」認識を変える

4月の出会いでは、冒頭の「聴くことと話すこと、どちらが難しいと思う?」を生徒にも問いかけます。毎年ほぼ全員の生徒が「話すこと」と答えます。「わたしは聴くことだと思うんだよね」と伝えると、多くの生徒が驚きます。その後、以下のような見方を伝えます。

○聴くことは相手の世界を知ろうとすること
○話すことは自分の世界を伝えること
○聴くことは目の前の相手を大切にすること

これらを伝えることで、「聴く」ことに対するマインドセットを促します。

最後に、相手の世界を知ることは難しいけど面白い、相手に自分の好きなことを大切にされたら嬉しいよね、と加えます。やんちゃな生徒も真剣に話をきいてくれます。

具体的な聴き方の指導では漢字を活用します。「この漢字の中には、どんな漢字が隠れているかな」とクイズから始めます。多くの生徒が最初に気づくのは「耳」です。続いて「心」。ここまでは順調ですが、もう1つはなかなか出てきません。「ほかにもあるかな?」と顔を横にしながら問いかけると、「四?」「あ、目だ!」と気づきます。「聞く」と比較し、「『聞く』は耳だけだけど『聴く』は耳と目と心を足し算（〇の部分が+になっています）してきくんだね」と話すと、生徒も納得します。このあとは、朝の会や帰りの会のタイミングで「〇〇さんは目で話をきいているね。伝わっているよ」「話す人に心も傾けているね」等、できている生徒を見つけて具体的に伝えます。

目に見える聴き手のリアクションは、話し手の安心感をつくります。よく伝えるのは

「リアクションの『あいうえお』」です。

「あー！！」（共感的なニュアンスで）
「いいねー！！」
「うん、うん」
「えー！」（批判的ではなく驚きのリアクション）
「おーー！！」（すごい！というニュアンスで）

スキル的な要素が強いので、生徒の目に見えるところに掲示したり、質問カードに入れていつでも見られるようにしたりして、習慣化を促します。
この「聴く」姿勢ができるようになると、不思議と話す生徒の声が少しずつ大きくなっていきます。聴き手の成熟は話し手の成長を促すのです。

「わからない」「みんなでわかる」に価値を置く

教科の好き嫌いは入学後1ヶ月で変わる

生徒は、中学校で学ぶ教科の多くを小学校で経験しているため、好き嫌いのイメージをもって入学してきます。教科によってはマイナスのスタートとなることも…。

でも大丈夫です。環境の変化は、生徒自身の好き嫌いの概念を変えるチャンスだからです。わたしは理科を担当していますが、小学校では理科が嫌いでも中学校の理科は好きになってくれるケースが結構あります。**環境の変化は「好き」を増やすチャンスと捉えましょう。**

次ページのグラフは、入学して1ヶ月後に生徒にとった、理科の授業に関するアンケートです。毎年だいたい、2～3割の生徒が「小学校の頃、理科は好きではなかった」と答

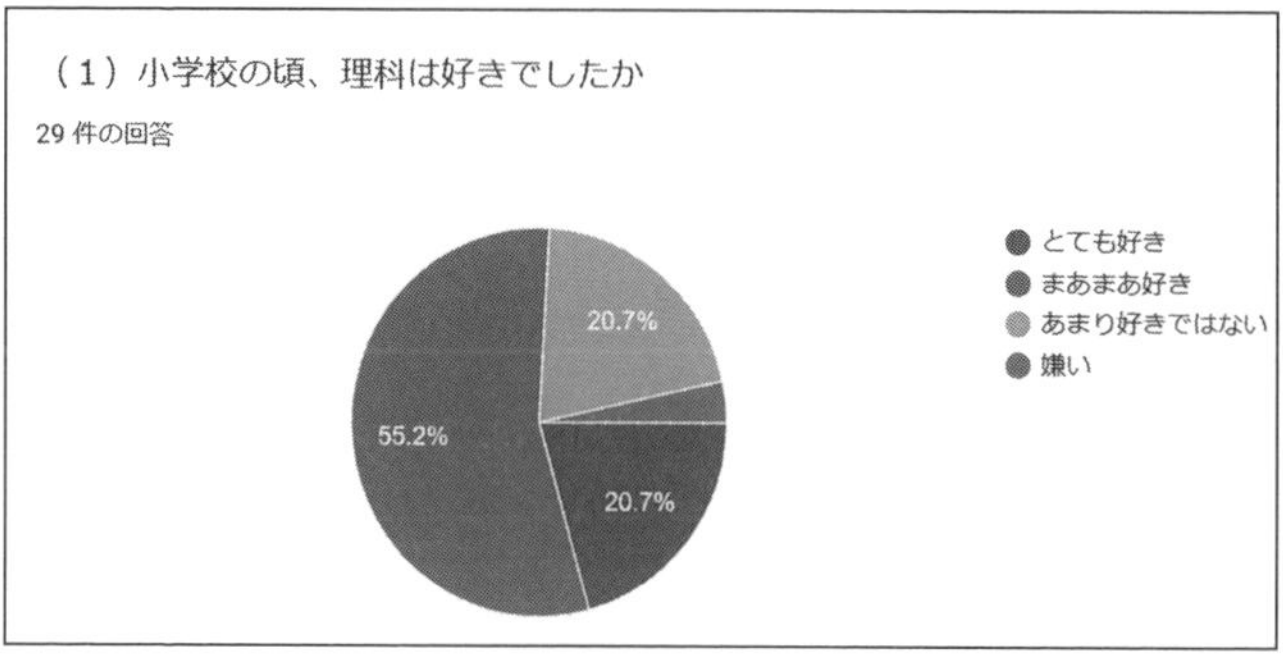

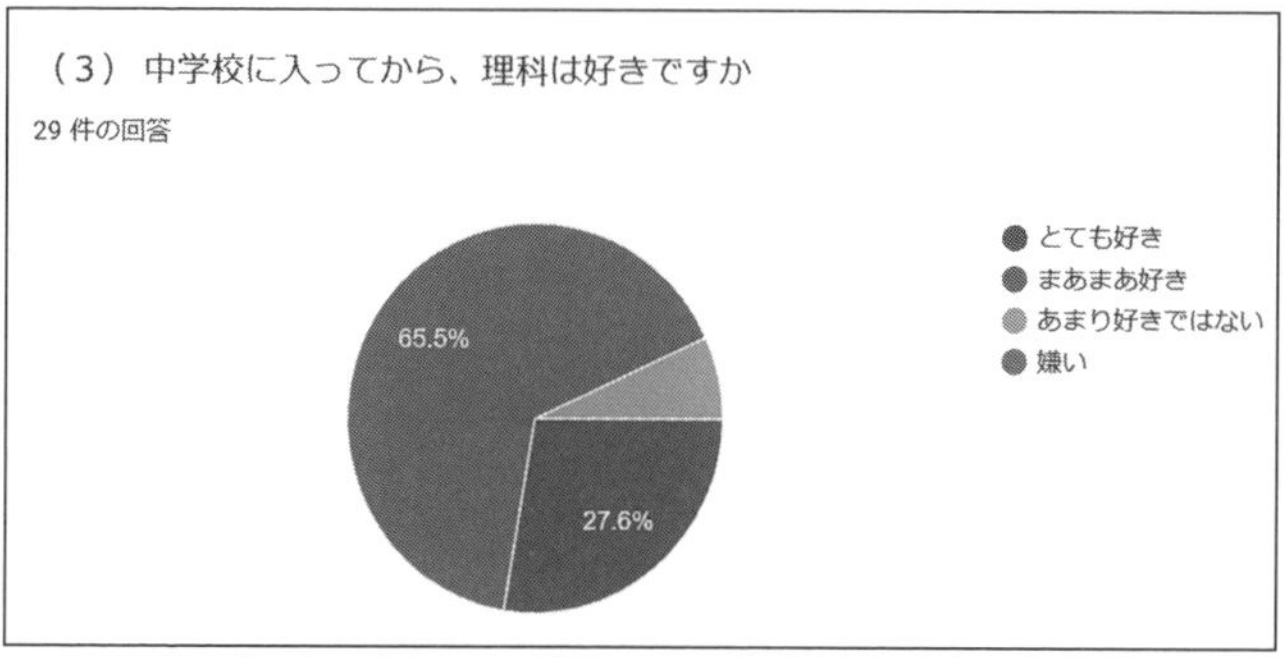

えますが、1ヶ月経つと認識が変わります。このときはまだ、あまり好きではないという生徒もいますが、年度末になるとほとんどの生徒が理科が好きになります。

　授業を通して生徒に繰り返し話しているのは、みんなでわかることの意味と価値です。

「わかる」ことの意味と対話の価値を伝える

「わかった?」という言葉に代表されるように、「わかる」ことは個人の頭の中で完結することであると思われがちです。しかし、それに異を唱えたのがロシアの心理学者、ヴィゴツキーでした。ヴィゴツキーは「発達の最近接領域」という理論を提案しました(※)。

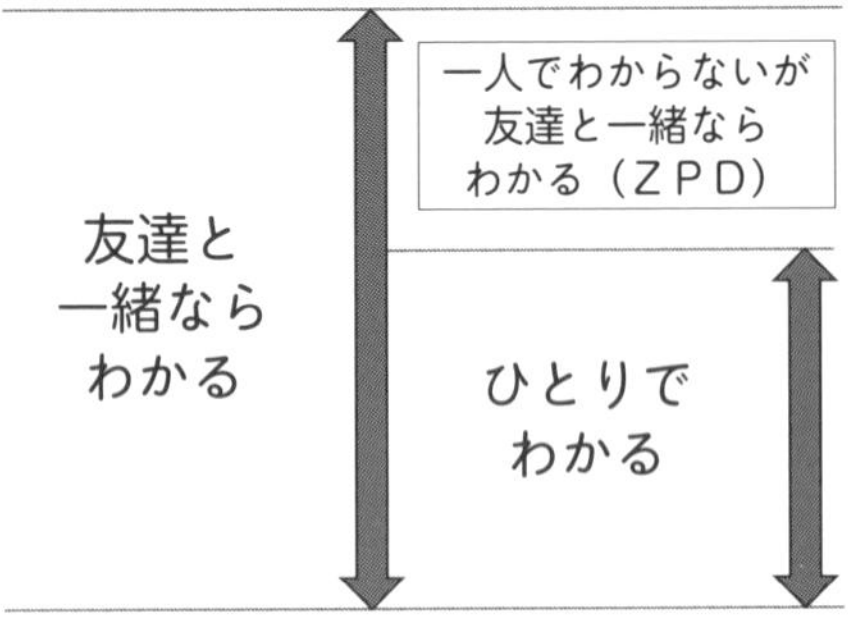
一人でわからないが
友達と一緒なら
わかる（ZPD）
ひとりで
わかる
友達と
一緒なら
わかる

これは「生徒が自力では理解できないことも、他者の力を借りれば理解できるようになる場合がある」ということです。上の図のZPD（Zone of Proximal Development）がそれに当たります。これは授業をデザインする際に大いに参考になる理論です。他者と対話しながら協働的に学ぶことで、自分が「わかる」範囲が広がるからです。

これは授業の中で生徒に直接伝えます。

「勉強ができるようになるために必要なことは何かな?」

「復習したり授業に集中したりするのと同じくらい、いい方法があるんです。それはね…」

このあたりまで話すと生徒の目が少し変わってきます。

「友達とたくさん話すほど、勉強ができるようになります」

え…という声がもれます。ここで先程の図を黒板にかいて説明します。

・1人で勉強してわかる範囲には限界がある。

・友達と対話しながら勉強するとわかる範囲が広がる。

・一緒に勉強してもわからない範囲はあるが、一緒に勉強することで範囲は広がる。

この話をしたあとに対話活動を入れると、生徒はすごい勢いで話し始めます。多くの生徒が「わかりたい」「もっとわかるようになりたい」という思いをもっている証拠です。生徒の対話の内容をよく聴き、面白い発想や学習内容から発展したこと等を見取って学級全体に伝えると、適切な対話の中身についての指導もできます。

「勉強がわからない」ことが不登校のきっかけとなってしまうことからも、生徒は「わかりたい」という思いをもって生活していることがわかります。そんな生徒の思いを生かせる授業デザインを心がけたいですね。

【参考文献】

（※）ヴィゴツキー著／土井捷三・神谷栄司訳（2003）『「発達の最近接領域」の理論』（三学出版）

「学習内容」×「感動」で共有体験を積み重ねる

導入で日常と学習をつなぐ

生徒同士の対話を促すには、思わず話したくなるような感情が動く課題、対話する必要感のある課題が大切です。単元を通して学びを深める原動力となるのが、導入の1時間。学習内容を生徒の生活と結びつけて考えられるような活動をデザインします。単元を通して学習を深められるように、授業は単元全体を通して考えるとよいでしょう。

中1理科の小単元「光」を例に解説します。

この単元の目標は「光に関する事物や現象を日常生活等と関連付けながら光の性質の理解を深める」ことです。「目に光が入ることで物が見える」（目に光が入らなければ物は見えない）「光は直進する」という光の性質を驚きと感動を伴って理解できる導入例を紹介します。

授業の基本は、日常生活と学習内容を往還しながら、教科の見方・考え方を働かせて事象への理解を深めることです。生徒の光に対する認識の代表的なものは「真っ暗でも少しなら物を見ることができる」です。光に溢れている現代の生活の中で、光が全くない暗闇を経験している生徒はほとんどいません。

そこでこのようなクイズを出します。準備は理科室の暗幕を隙間なく閉めること。光が全く入らない環境をつくり、電気をつけた状態で授業を始めます。

光が全くないところで、物を見ることはできるでしょうか。

選択肢は①できる、②少しならできる、③できない、の三択です。知識の曖昧さに気づけるように②を入れるのがポイントです。実際の授業では多くの生徒が②を選びます。ここで実際に「光がない」状態を体験するのです。電気を消すと真っ暗。生徒からは悲鳴や歓声が上がります。光がないと物が見えないことがわかったところで、電気をつけ、今度は光を出す道具の1つであるレーザーポインターを見せます。スイッチを入れて実際に天井に光を当てると、天井は光りますが空気中の光は見えません。そこでこのように問いかけます。

暗闇にしたら、レーザーポインターの光を見ることはできるでしょうか。

ここも選択肢は①できる、②少しならできる、③できない、の三択です。少し慎重になった生徒は①と②に分かれます。そこでレーザーポインターを付けた状態で再び暗くします。

「え、見えない！」ものに当たらないと光は見えないので、横からの光は見えないのです。電気をつけてから続けます。「でも、この光を見えるようにする方法があります。あるものを使うと見えるのです。それは…」そう言いながら粉がついた黒板消しを2つ登場させます。生徒にレーザーポインターを持ってもらい、光の延長線上で黒板消しをたたきます。粉を飛ばすとレーザー光が粉に当たって反射し、きれいな一筋の光が見えます。暗闇の中できらめく一筋のチョークの粉、生徒からは歓声の嵐です。一気に科学の世界へと

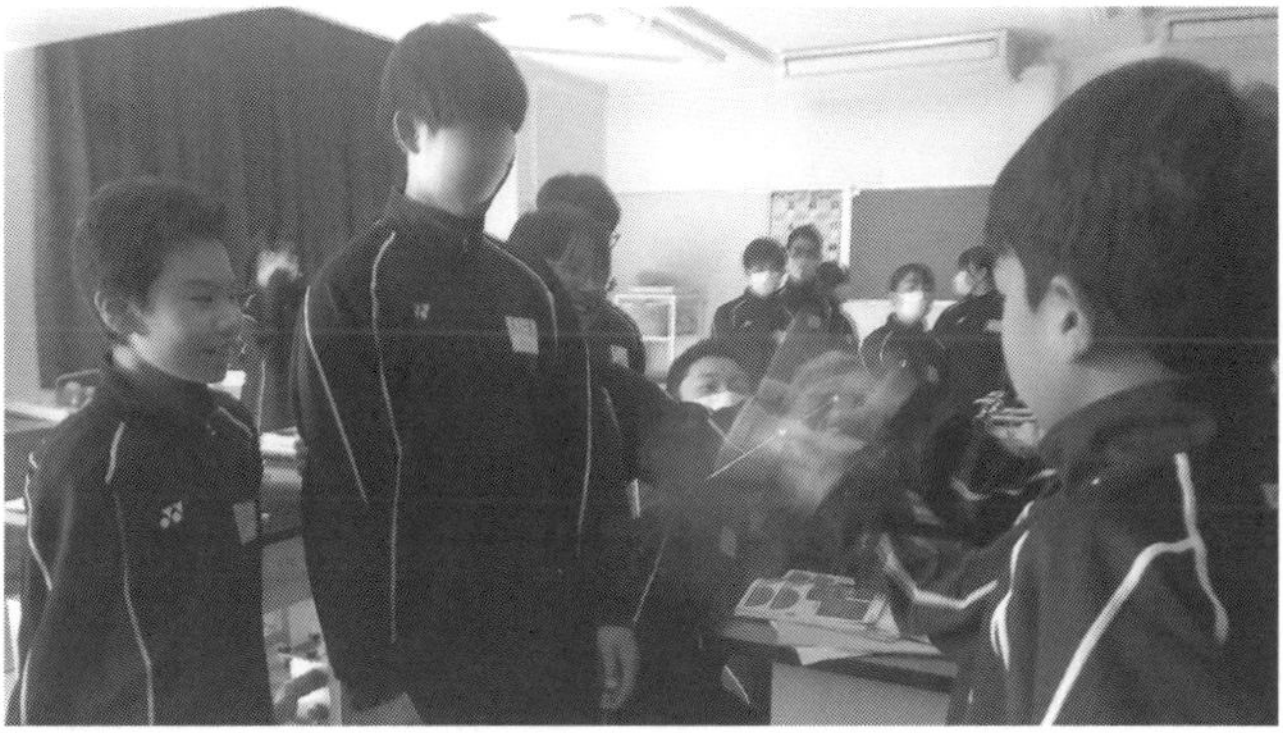

引き込まれ、たくさんのつぶやきと問いが生まれます。
今回ご紹介した授業では、日常生活と学習内容との往還が少なくとも3回あります。

A　暗闇で物が見える
↓↑光がないと物は見えない
B　暗闇ではレーザーの光の道筋が見える
↓↑物に当たらないと光は見えない
C　暗闇ではレーザーの光は見えない
↓↑物（チョークの粉）に当たると光は見える

この単元の内容「光が（物に当たって）反射することで物が見える」「光は直進する」ことを押さえる1時間となり、「光が異なる物質を通るときは屈折することがある」「光が集まると像ができる」学習内容の基礎となる学習になります。

この授業のポイントはもう1つあります。それは、**自分の「知っている世界」の曖昧さに気づく**ことです。

例えばA「光がないと物は見えない」という科学的事象。多くの生徒が体験している暗闇は、実は本当の暗闇ではありません。現代社会で本当の暗闇を体験できる場所は、意図的につくられた空間ではない限りほとんどないでしょう。理科では、科学的事象と生徒の認識とのずれを自覚できる場をつくることで授業の面白さが増します。そして、ともに学びの面白さを共有したからこそ、その後の学びの質が高まるのです。

近藤（2010）は、他者との共有の場面を6つに整理し、段階を経ることでの集団の質が高まることを示しました（※）。授業では①物体の共有（同じ教材等を共有する）、②時間的共有（ともに同じ時間を過ごす）についでは意識しなくてもできますが、③空間的共有（同じ空間にいるだけではなくパーソナルスペースを重ね合う）、④知識の共有（言語化された互いの考えを聴き合い知識を共有する）、⑤感情の共有（喜びや嬉しさ、怒り、悲しみ等の情動を共有する）まで求めるには授業を意図的にデザインする必要があります。

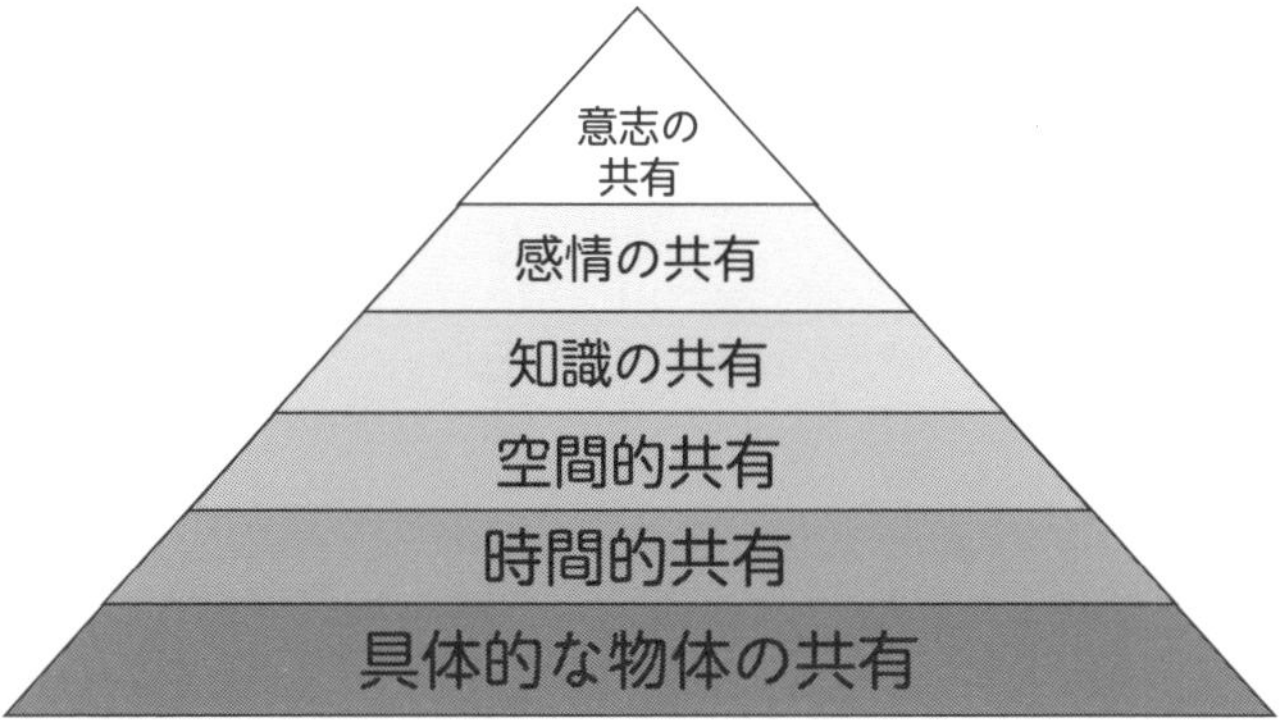

①～⑤まで授業で共有できたうえで、学級活動や行事等で⑥意志の共有（ともに歩む未来を共有する）ができると、一人ひとりの自尊感情も育まれます。学級内に行動が気になる生徒がいたとしても、感情がわき上がるような共有体験を積み重ねることで自分を大切にする心が育まれ、少しずつ落ち着いてくることが理論的にも証明されているのです。授業のなかで感情が動く場をつくり、生徒同士の共有体験を積み重ねていきましょう。

【参考文献】
（※）近藤卓（２０１０）『自尊感情と共有体験の心理学』（金子書房）pp.116-117

1時間に一度はアウトプットの場をつくる

「わからない生徒」は何がわからないかがわからない

何やら早口言葉のようなタイトルになってしまいましたが、意図するところを捉えた表現だと思います。わからない生徒の多くは、「どこがわからない？」と質問しても答えられません。何がわからないのかがわからないから答えられないのです。「わかる」の語源は「分ける」であると言われています。わかる（分かる）こととわからない（分からない）ことを区別できるかどうかが「わかる（分かる）」ことの1つの基準となります。

セリグマン（1967）は犬の条件付けの実験を通して無気力のメカニズムを研究しました。その結果「一定期間に渡り努力してもその努力が報われないと、体験を通して無気力を身につけてしまう」ことを結論付け、それを学習性無力感と名付けました。

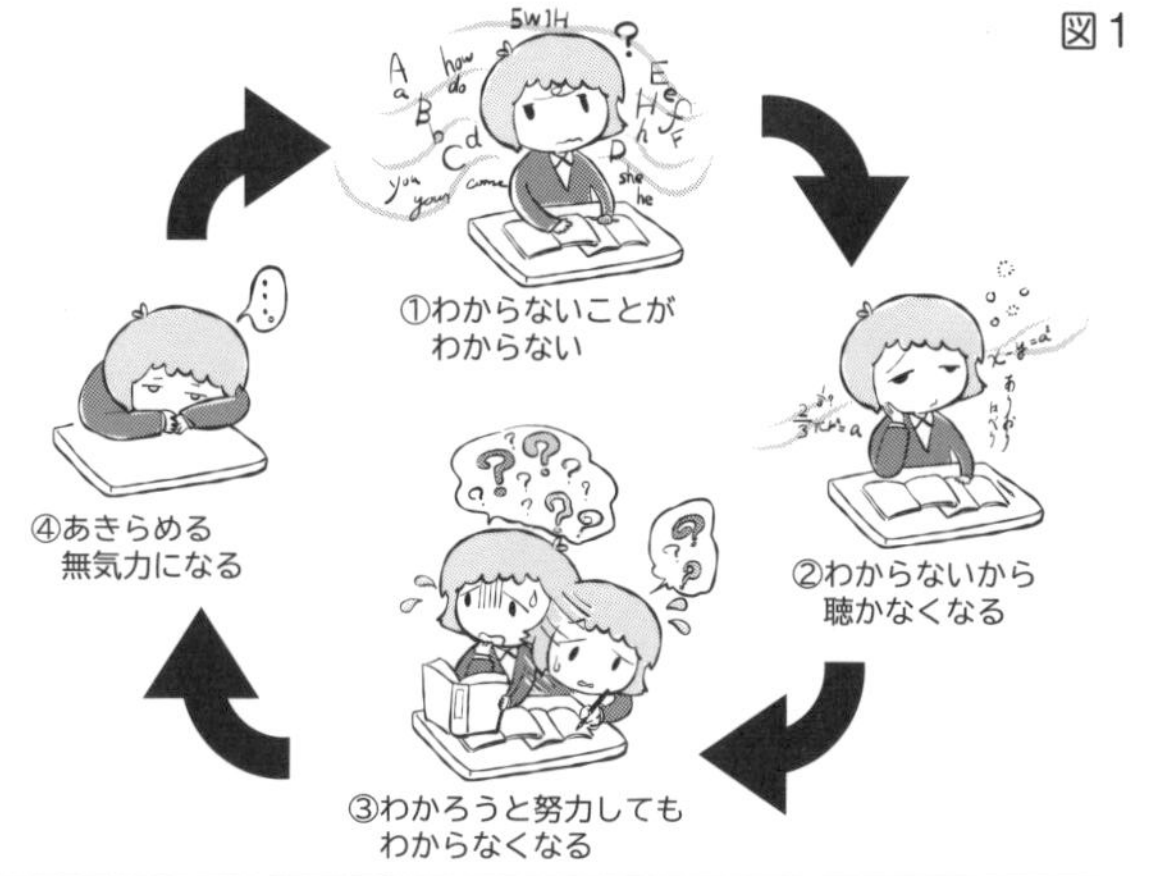
①わからないことが
わからない
②わからないから
聴かなくなる
③わかろうと努力しても
わからなくなる
④あきらめる
無気力になる

図1

鹿毛（2022）はこの研究に基づき、「『為せば成る』という体験それ自体を過去にどれだけ積み重ねているかが、当人の将来のやる気を左右する」と述べています（※1）。中1の生徒たちの様子を見ていると、図1のように既にこの「学習性無力感」を感じている生徒がいることを実感します。彼らのモチベーションを再び上げるためには、わかることとわからないことを明らかにすることが必要です。

わかることとわからないことを明らかにする鍵の1つは、アウトプットです。「この時間に何がわかったか」「何がわからなかったか」を明らかにする時間を確保することで、自分の理解度をメタ認知できるからです。

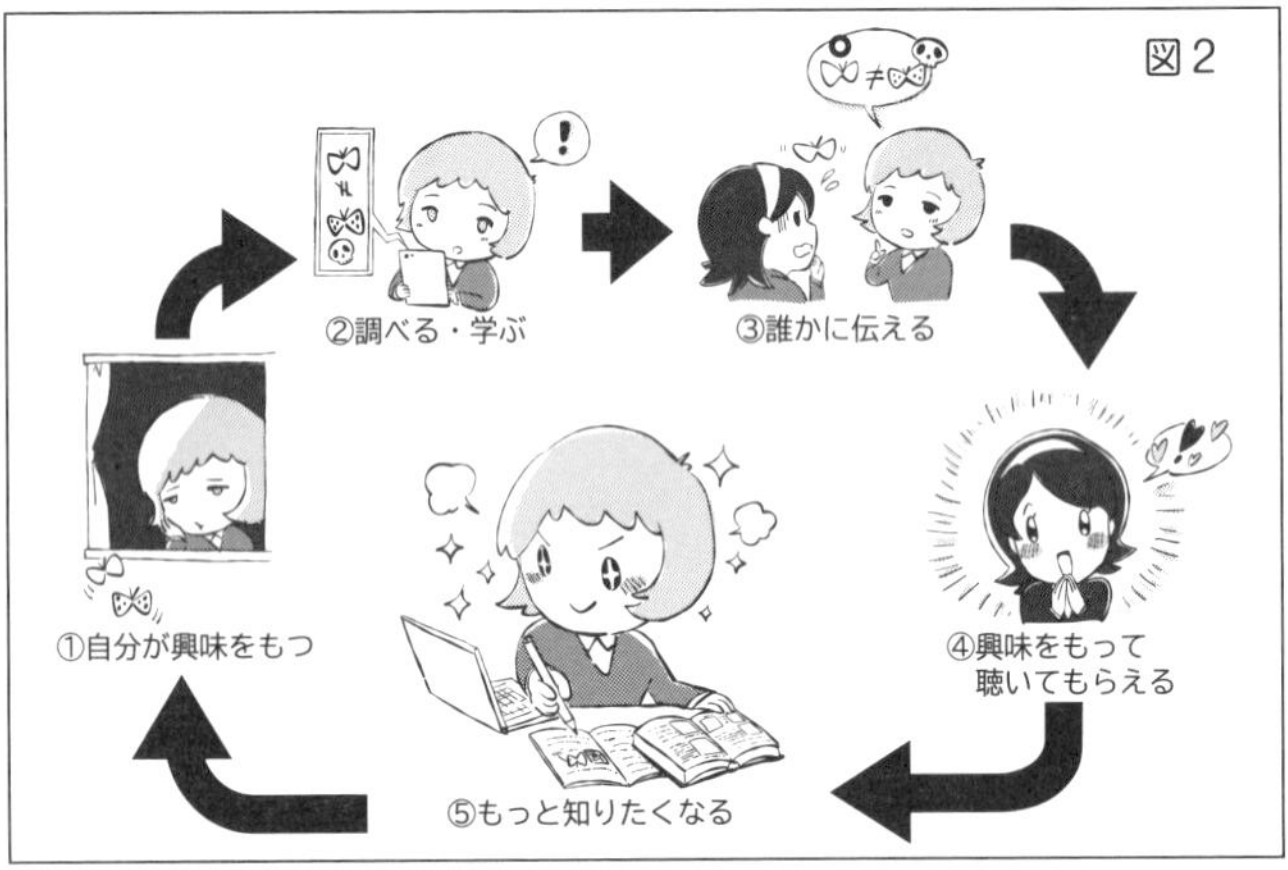
図2
①自分が興味をもつ
②調べる・学ぶ
③誰かに伝える
④興味をもって
聴いてもらえる
⑤もっと知りたくなる

池上（２０１１）は「わかりやすく伝えるための知の循環」を図２のようにまとめています（※２）。自分が好きなことや調べたことは、誰かに聴いてほしくなるもの。図２の①自分が興味をもつことの大切さはもちろんですが（「学習内容」×「感動」で共有体験を積み重ねる」（p.138）を参照）、うまく話せなくても『聴き手』が育っていれば話しやすい状況はつくれます。教師が意識するのはむしろ、アウトプットできる場をつくることです。

対話型アウトプットを授業内に位置づける

わたしは理科室という教室環境を利用して、授業中は生徒同士で対話する場を意図的につくっています。例えば授業を45分で実施し、残り5分で「今日わかったこと」「わからなかったこと」を対話します。毎時間同じだと飽きてしまうので、例えば以下のようなバリエーションをつけます。

【話す内容】
○なるほどと思ったこと
○過去一びっくりしたこと
○実はよくわからないこと

【話す相手】
○隣の班の人
○異性を1人入れて○人組をつくる
○今日まだ話していない人を1人入れる

個別アウトプットを組み合わせる

タブレットに配信された振り返りシートを活用したアウトプットも紹介します。わたしは観点別に到達度を示したチェックシートと記述式の振り返りシート（次ページの図を参照）を併用し、文を入力するのが難しい生徒でも記号をつけながら理解度を確認できるようにしています。

1年理科⑥火山・地震

学びの軌跡

6.火山・地震

1年(　)組(　)番(　　　　　　)

何がわかったか・できるようになったか		火山噴出物を観察器具を使って観察し、特徴を記録できる
		火山の形や活動の様子を地下のマグマの性質と関連付けて説明できる
		火山灰や軽石に含まれる鉱物を双眼実体顕微鏡を使って観察し、特徴を記録できる
		マグマが地下深くで冷えると深成岩となり、地表付近で冷えると火山岩となることを、特徴と関連付けて説明できる
		自然がもたらす火山災害について調べ、火山活動の仕組みと関連付けて説明できる
		震度とマグニチュードの違いがわかる
		地震の発生、震源、震央について説明できる
		地震の発生から揺れ始めるまでの時間を地図上に色分けして表せる
		初期微動、主要動、P波、S波など、地震の揺れの特徴について説明できる
		P波とS波の届くまでの時間の差(初期微動継続時間)と震源からの距離との関係がわかる
		自然がもたらす地震災害について説明できる
どう使い活用するか		火山噴出物の特徴から、火山噴出物がマグマに由来することについて、考えを表現できる
		マグマの粘りけと溶岩の色、火山の形、噴火活動の様子の違いを関連付けて表現できる
		火山岩、深成岩をルーペなどを使って観察し、それぞれの組織の特徴を記録できる
		観察した鉱物の特徴をまとめて分類し、これらがマグマに由来することを導き出せる
		自然がもたらす火山災害について調べ、自分なりの方法でまとめ、表現できる
		地震による地面の揺れの広がり方や震源からの距離と揺れ始めるまでの時間との関連を見いだし、表現できる
		地震災害の特徴を調べてまとめ、表現できる
どのように学ぶか		学習内容に興味をもち、進んで取り組むことができる
		学習内容に対して問いをもつことができる
		問いを解決するための実験方法を考え、学習計画を立てられる
		学習計画をもとに何度も繰り返し試しながら実験を行ったり考察をしたりできる
		自分が今やっていることを振り返り、よりよく改善しようとする
		友達と考えを出し合い協力できる
		疑問を学習内容とつなげたり、学習内容と日常を繋げたりして考えられる

日にち	わかったこと・学んだこと なるほどと思ったこと	もっと知りたいこと わからないこと	本日のやる気度 1・2・3・4(MAX)
(例) 1/18	火山噴出物を観察して石英や長石などの鉱物を見つけた。石英などの白や透明な鉱物は無色鉱物、黒雲母などの色が付いた鉱物は有色鉱物ということがわかった。顕微鏡で見たらとても綺麗だった。	火山噴出物と火成岩の成分が似ていると思った。もとはマグマだからだろうか。調べたい。	3

このシートは、各教科書会社がＨＰ上にアップしている年間指導計画案・観点別評価規準例を基に作成しています。Excel や Word 資料として教科書会社がＨＰにアップしているので、これらを活用すればさほど時間をかけなくても作成できます。このシートをクラスルームの「授業」ページに「コピーを配付する」設定でアップすれば、生徒は自由に活用することができます。

入力できない生徒ができるようになるためには練習が必要です。始めは入力する時間も授業内に位置づけましょう。個別アウトプットの時間も黙って１人で取り組むのではなく、わからない点があれば隣の友達に尋ねる、対話しながら入力する等の声かけをし、対話しながら学びを振り返る時間を確保します。わかることとわからないことを生徒自身が自分の力でクリアにして、授業を終えられるとよいですね。

【参考文献】
（※１）鹿毛雅治（２０２２）『モチベーションの心理学』（中公新書）pp.141-143
（※２）池上彰（２０１１）『伝える力２』（ＰＨＰビジネス新書）pp.156-157

友達の名前を入れた自己評価で自尊心を育む

授業の振り返りの意味を考える

授業における学習の振り返りは、学習面のみならず人とのつながりをつくるうえでも大切な時間です。わたしは振り返りの意味を以下のように捉えています。

①学習内容の定着を図る
②学習意欲を引き出し次時へとつなげる
③自己評価力を育てる
④生徒自身が学び方を学ぶ
⑤自尊心を高める
⑥メタ認知力を育む

	振り返る視点
学習内容の振り返り	1．問いに対する自分の考えをもつことができた 2．学習内容がよくわかった
学習方法の振り返り	1．自分の問いをもつことができた 2．実物をもとに目に見えないしくみを考えた 3．友達と協働的に学べた 4．自分に適した学び方が見つかった （教科書を読む、タブレットで調べる等）

振り返りはGoogleフォームで

具体的な振り返りの視点は上の図の通りです（※）。宗實氏の実践を参考にしています。ノートを使う場合もありますが、振り返る視点がないと効果が薄れてしまうため、質問項目に振り返りの視点を入れた、Googleフォームを活用しています。生徒が毎時間行うのは結構な労力となるので、単元の中の小さなまとまりごとに取るのがよいでしょう（振り返りフォームはp.155の二次元コードから確認できます）。

ここで大切にしているのが「振り返りに友達の名前を入れる」ことです。自分が誰と学んだら何を得られたかを言語化します。これは④生徒自身が学び方を学ぶことにもつながります。特定の友達と学ぶだけではなく、今まであまり関わったことがない人と学ぶことで見える世界があることを体感するのです。新たな世界を拓いてくれるのは、自分と考えが似ている人だけではなく自分にない発想をもっている人であることも学ぶことができます。

次ページに振り返りが載っているHさんは、勉強が得意で自分で静かに学ぶのが好きな生徒です。授業でも1人でじっくりと考えることが多かったのですが、この時間は友達と知識を確かめ合いながら学びを深めていたことがわかります。

Kさんは勉強が少し苦手な生徒ですが、友達と関わり合う中で「これやってみたら？」という提案を受けて自分の学びを広げています。教師が見取りきれなかった生徒たちの学びが見えるのも、この仕組みのいいところです。

次時の授業で紹介してよさを広げる

送ってもらった振り返りは、次時の授業の冒頭に生徒に紹介します。紹介することで、振り返りの意義として挙げた、②意欲を引き出す、④学び方を学ぶ、⑤自尊心を高める、ことにつながります。振り返りを紹介していると「これ、○○さんの振り返りだ！」「こ

以下の観点をもとに、今日の授業を通してわかったことを書きましょう *

1. 目に見えるものから見えないものが見えたか（①火山灰の中の鉱物　②マグマが固まってできた岩石）
2. 友達と協働的に学べたか（友達の名前と、そのときの関わり方や活動の様子を書く）３．自分なりの学び方が見つかったか
４．プラスα（初めて知ったことや感動したこと等）

長文回答

溶岩や軽石にあいている小さい穴は何か空気が抜けた跡なのかもしれないと思った。なぜなら噴火もマグマの中に含まれる水蒸気が関わっていることが分かったから。

山ができる理由は地震とか噴火とかだと思うけどまだ詳しくはわからないのでもっと詳しく調べてみたいと思った。隣の席のＭさんと石の特徴を話し合いながら「この石は深成岩って書いてあるからＡだよね」と一緒に考えながら進めた。

今日も山の絵を描いたけど頭で考えるだけでなく図を見ながら考えて視覚的にも考えてみるとより理解が深まるなと思った。今日は石はどこでできるのか考えていたけど知らない石が多かったし、こんな色の石もあるんだなんて思いながら考えた。（Ｈ）

Ｈさんの振り返り

双眼実体顕微鏡で軽石をみようとしたときにＤさんが「粉状にして見てみるのもおもしろいかも！」と、提案してくれました。粉状で、みてみると、細かくて黒いものや、黄色のものも見れてすごく面白かった。

Ｎさんも、溶岩を顕微鏡で見てもいいんじゃない？と言ってくれました。

溶岩を顕微鏡で見たときは、表面がごぽごぽしてて面白かった。

水につけたときは軽石から泡が出てて、凄く面白かった。

なぜ出てるのかを考えるのも楽しかった。

Ｋさんの振り返り

れ僕のじゃない？」等の声がきこえてきます。一緒に学んだ友達として自分の名前が出てくると恥ずかしそうな嬉しそうな顔をします。

これは本章「「学習内容」×「感動」で共有体験を積み重ねる」（p.138）で紹介した「感動体験」を味わううえでも非常に有効です。知識の共有を通して感情が共有され、生徒の学びの成果を学級全体で喜び合えるからです。勉強に対して苦手意識がある生徒は、このような活動が大好きで積極的に取り組んでいました。

興味がわくと教科も友達も大好きになる

生徒はこのような経験を通して、自分自身が学びの主人公であることを自覚します。授業の感想に、このように書いている生徒がいました。

火成岩や火山灰を顕微鏡でじっくり見られて楽しかったです、じっくりみていくうちに「このキラキラは何だ?」「磁石に引きつけられてる石あるじゃん!」等、いろいろな発見と疑問を自分の手で見つけられて宝探しをしている気分でした。（中略）友達と自分が調べたものを紹介しながら、いろいろな疑問について知ることができました。友達と一緒に学び合うのはとても大切だと改めて思うことができました。

学校で過ごす時間の多くは授業です。日常生活だけではなく、授業でも自分を大切にしてもらう経験を積み重ねて、生徒の心理的安全性を守っていきたいですね。

【参考文献】

（※）宗實直樹（２０２３）『社会科「個別最適な学び」授業デザイン　理論編』（明治図書）
宗實直樹（２０２３）『社会科「個別最適な学び」授業デザイン　実践編』（明治図書）

部分的に授業の自由度を上げる

自由度を上げると生徒が荒れる？

授業における生徒の自由度を上げる、「自由進度学習」が各地で実施され、多くの成果を上げています。一方で「単元の目標を達成できない」「学習内容が終わらない」「生徒同士のトラブルが起こる」等の声が聞こえることもあります。学習規律や生徒同士の関係が不安定な集団で授業の自由度を上げると、学級の荒れにつながる場合もあるため、生徒の実態に応じた学習形態を探ることが大切です。

中学の学習内容を鑑みると、すべての単元を自由進度的に進めることは難しいかもしれません。単元を見通したうえで部分的に授業の自由度を上げることをお勧めします。生徒の意欲が爆発的に向上するからです。これを脳科学の視点から紐解いてみます。

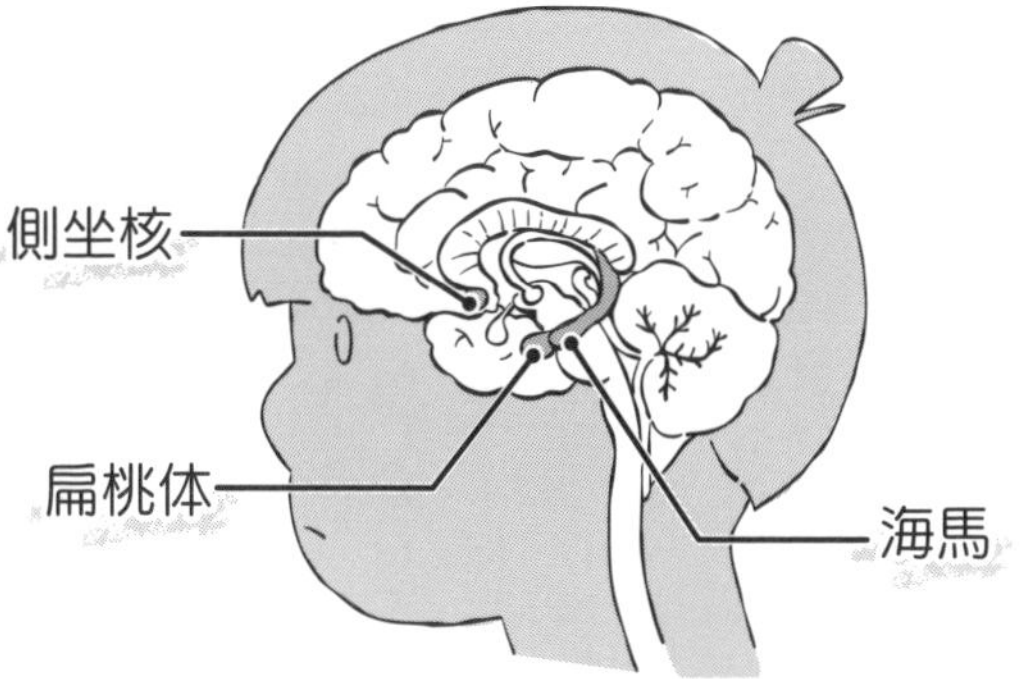

脳科学から見る自由度と学力との関係

学力の要の1つ、記憶力。これを司る記憶中枢は、脳の大脳新皮質という部分にあります（※）。記憶には長期記憶と短期記憶があり、短期記憶の一部だけが長期記憶用のデータとして保存されます。この短期記憶から長期記憶にデータを移すときに通るのが「海馬」。記憶の門番とも呼ばれる部分です。

この門番は結構厳しくて、記憶のほとんどを長期記憶に移さずに消してしまいます。これが「忘れる」という現象です。最優先で記憶に残るのは「命に関わること」「感情が揺さぶられること」。つまり、記憶という機能は個体が生き抜くための仕組みなのです。学校で学ぶ学習内容の多くが記憶に残りにくい理由がこれです。

海馬の近くには、感情を司る「扁桃体」があります。

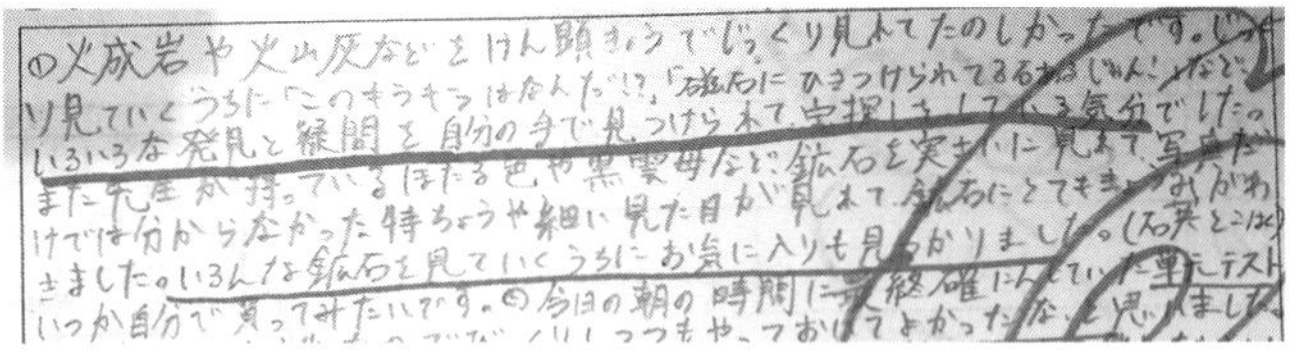
①火成岩や火山灰などをけん顕きょうでじっくり見れてたのしかったです。
り見ていくうちに「このキラキラはなんだ!?」「磁石にひきつけられてるおもしろい!」など
いろいろな発見と疑問を自分の手で見つけられて宝探しをしている気分でした。
また先生が持っているほたる石や黒雲母など鉱石を実さいに見れて、写真だ
けでは分からなかった特ちょうや細い見た目が見れて、鉱石にとてもきょうみがわ
きました。いろんな鉱石を見ていくうちにお気に入りも見つかりました。
いつか自分で買ってみたいです。②今日の朝の時間に最終確にんしていた単元テスト

感情が揺さぶられると、この扁桃体がぶるっと震えます。生活の中で「なにこれめっちゃ面白い！」と感じたことが記憶に残りやすいのはこの仕組みがあるからです。

上のコメントは、小単元「火山と岩石」の授業をした後、ある生徒が書いた振り返りです。**「いろいろな発見と疑問を自分の手で見つけられて宝探しをしている気分」**という記述があります。発見と疑問は学びの原点です。生徒自身が自分で学びを深めることに面白さと手応えを感じられたら、生涯学び続ける人になるでしょう。学び続ける人、問い続ける人を育てることは、学校教育の大切な使命です。授業の自由度を上げることは、生徒自身が授業の中で個の学びを深める時間を保障することになり、生涯学び続ける人を育てることにつながるのです。

課題設定で見通しを、学びログでふり返りを

生徒が授業の自由な時間を活用して学びを深めるために必要な条件は、

以下の2点です。

①自分の問いを基にした明確な課題をもっていること
②学んだことを言語化する時間が確保されていること

（第4章「「学習内容」×「感動」で共有体験を積み重ねる」（p.138）、「友達の名前を入れた自己評価で自尊心を育む」（p.150）も併せて参照）

次ページの一覧は、この感想が書かれた単元（中1理科「火山」）の主な学習活動です。導入では7種類の岩石標本を基に「この岩石の出身地はどこ？」クイズをしました。見た目や名前を基に予想をし、タブレットを活用しながら調べて、疑問を出し合いました。展開では出てきた疑問を整理して3つの学習課題をつくり、生徒に学ぶ順番を選んでもらい学習計画を立てました。

学習を進める中で、発見したことやさらに出てきた疑問を出し合い、学びを深めます。単元の終盤は振り返りフォームを活用して、生徒自身が学びをスモールステップでメタ認知できる環境をつくりました。

【単元計画】

単元名：火山のひみつを探る

1．火山岩や堆積岩を分類し、疑問を出し合う

課題「この石、どこ出身？」

・出身地の予想を立てる。

・石の名前を基にできた場所を調べ、わかったことや疑問に思ったことを出し合う。

2．学習計画を立てる

・出てきた疑問を「火山噴出物」「マグマ（の粘りけ)」「火成岩のでき方」に分類する。

・疑問を基に追究する全体の問いをつくる。

・学習計画（3時間）を立てる。

・振り返りフォームで学習を振り返る。

3．計画を基に学習を進める

・全体の問いを基に学習を進める。

・最初10分は感想や問いの共有をする。

・30分追究の時間、学びをスライドにまとめる。

・最後10分で学んだことを交流・学習の振り返り。

4．学びを振り返る

・作成したスライドを基に交流し、友達の作品を参考にして資料をバージョンアップする。

・火山の恵みについて知り、調べて交流する。

「好き！」「やりたい！」を増やすことは一生の財産をつくること

教科教育で大切なことは学習内容の定着だけではなく、生徒自身に「学ぶって面白い！」と感じてもらうことです。一生学び続ける人の多くは、学ぶこと自体を楽しんでいるからです。

所属校である年に実施した全国規模のアンケートでは、150人弱のうち、理科が好きだと答えた生徒は96％（別クラスで授業を受けていた特別支援学級の生徒の回答も含む）でした。また、主体的に学習に取り組む態度に関する集計の調査項目である「教科学習を粘り強く進める態度」「教科学習を自己調整しようとする態度」「教科に対する自信」のいずれも全国平均を大きく上回る結果となりました。

学習内容は忘れてしまっても、学習を通して得た学ぶ楽しさや思いの高揚はずっと心に残ります。学び続ける人を育てる授業デザインを心がけたいものです。

【参考文献】
（※）池谷裕二・糸井重里（2005）『海馬　脳は疲れない』（新潮文庫）

言葉がけで個の成長を促す

授業中に何人と関われているか

生徒は、相手が発した言葉が自分に対して向けられたものなのか、それとも一般論なのかにとても敏感です。自分に向けられた言葉だと、受け止めて返そうとします。一斉授業では一人ひとりと関わる時間を確保するのが難しいため、単元の中に位置づけている個別追究の時間を活用して、個に応じた声かけができるとよいでしょう。

生徒一人ひとりの「軸」を見取る

生徒一人ひとりの成長を促すためには、①個を見取り、②その生徒にとって最適な言葉がけをし、③適切なフィードバックと励ましをすることが大切です。田中（２０１４）は「ほめ言葉の三段ロケット」という言葉を使い、その生徒のよさをみつけたら場面を変えて３回プラスの言葉をかけることでより成長が促されると述べています（※１）。ここで気をつけたいのは、ほめることはその子に阿《おもね》ることではないということです。生徒の確かな成長を捉える目をもつこと、その成長を評価するのではなく生徒の思いに寄り添って喜ぶことが大切です（第１章で紹介したカルテが有効です）。

具体的な例を紹介します。Ｋさんは入学当時、とても静かな生徒でした。ある日、生活ノートに、家で飼っているカナヘビについて書いてきたので、授業で紹介したいと声をかけ、写真を送ってもらいました。そのときの学習単元は「植物・動物の分類」。は虫類の例として紹介したいと思ったのです。動物の分類で体のつくりに興味をもったＫさんは、自主学習で魚の部位について調べてきました。「マグロの脊椎の数は39」「マグロ１匹でおよそ５００人前の刺身ができる」等、イラスト入りでまとめてきました。「すごく面白いねー！　魚の部位ってこうなってるんだね。いつも食べてるけれどよく知らなかった。Ｋさんすごいなぁ」と驚いた素直な心をそのまま伝えました。そして、他の生徒のノートとともに学級に紹介し、教室に掲示しました。

(感想)

何とも思わず食べていた魚がこんな複雑な作りになっていたとは思いませんでした。

どれから進めていいのかもわからなくなるくらい時間がかかって、毎日大変すぎて嫌になる時もあったけど、一つ一つが少しずつ出来て形になっていくのがワクワクしました。

本当にすごく大変だったけど、家族とこの骨知ってる、この骨知らないと色々な事を話しながら時間をかけてこの魚を食べたりしたのも楽しかったし、魚の事や骨の事を調べながら進めていくのも楽しかったです。

この研究やめておけばよかったと思って進めていたけど、終わった今はやってよかったなと思います。

忘れられない自由研究になりました。


夏休み、Kさんはマダイを1匹購入し、そこから骨格標本をつくりました（上の写真）。標本のつくりかたも組み立て方もすべて自分で調べ、何日も何日も時間をかけて制作したことが伝わってきました。自由研究はGoogleクラスルームに提出してもらったので、驚きとともに、すごいと感じたことを具体的に11項目挙げてコメントで返信しました（クラスルームを活用できるようになってから、自由研究は夏休み終了1週間前に

〈返信したコメント〉

【Kさんの研究のすごいところ】

①骨の仕組みを調べたいという素朴な疑問を基に仮説を立て確かめていること
②どこに肉（筋肉・食べられるところ）がついているのかを予想していること
③ヒレのつき方、どこにどんな骨があるか等明確な目的意識をもっていること
④標本づくりの方法を基に、自分で実際に実験をし、記録写真を撮っていること
⑤ハイターにつける等、標本をつくるうえで大切なポイントを押さえていること
⑥一つひとつの骨を丁寧に取り上げ、形を照らし合わせ組み立てていること
⑦それぞれの骨のパーツの場所と形を調べて記録していること
⑧最初は単純だと思っていた魚の骨のつくりが実は複雑であることを、実感を通して学んでいること
⑨ご家族とも対話しながら骨格標本をつくっていること（相談できる人がいることも素晴らしいです。ご家族に感謝ですね！）
⑩こんなに大変ですごい研究を最後までやり遂げたこと
⑪何より、Kさん自身がわくわくしながら研究を進めたこと

ドキュメントで提出してもらい、夏休み中に全員にコメントを返しています）。また学年代表の1人として、校内文化発表会での発表をお願いしました。その後、Kさんは授業中の発言が増え、積極性がどんどん増しました。

教育は「啐啄同時《そったくどうじ》」

近藤（1990）は、子どもには見つめられ欲求があり、この欲求が満たされることがマズローの自己実現の欲求につながると述べています（※2）。ここぞというタイミングでの声かけはまさに、禅宗の言葉「啐啄同時」（第3章「生徒が動くのを「みる」「待つ」「喜ぶ」」（p.102）を参照）です。生徒ががんばった実感があるときに適切な言葉がけをすることで、よりよい成長を促したいものです。

【参考文献】
（※1）田中博史（2014）『子どもが変わる接し方』（東洋館出版社）
（※2）近藤卓（1990）『見つめられ欲求と子ども』（大修館書店）pp.40-43

第５章
生徒の心が安定する生徒指導の勘所

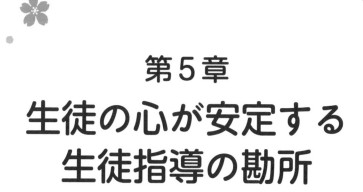

攻めより受けの姿勢をもつ

追いかけっこな指導では生徒は育たない

わたしが初めて赴任した中学校は、ちょっとだけ苦労の多い学校でした。花壇には噛んだガムやアメの袋等が散らばり、校長先生が毎日掃除をしてくださっていました。トイレのふたは割られないようにすべて取り外されていました。学校近くの公園にはたばこの吸い殻が入った空き缶が並び、中学生が吸っている姿を見たと近所の方から目撃情報が寄せられました。事件が起こるたびに対応に追われます。しかし、起こった事件が解決する前に新しい事件が起こり、わたしたちは疲れ果てていました。

翌年、生徒指導に長けた先生が教頭先生として赴任してきました。4月の職員会議で提案されたのは以下の内容でした。

①指導案件が起こる前に布石を打つこと。
②育てたい生徒像を基に生徒が夢中になれる授業をすること。
③生徒の話をじっくり聴くこと。

特に③の話の聴き方については徹底されました。じっくり話を聴くこと、個人の見解だけで判断しないよう複数の教員で指導に当たること等が確認されました。校内研修では育てたい生徒の姿を共有し、そのためにつけたい力や必要な活動について具体的に話し合いました。事件は徐々に減り、学校は1年半ほどで落ち着きました。

生徒指導はプロアクティブな指導

一度生徒が荒れてしまうと、事件が起こってから対応する指導が多くなりがちです。これはリアクティブな指導（事後指導）と呼ばれます。しかしこの対応では、生徒の心は育たず次から次へ事件が増えていきます。

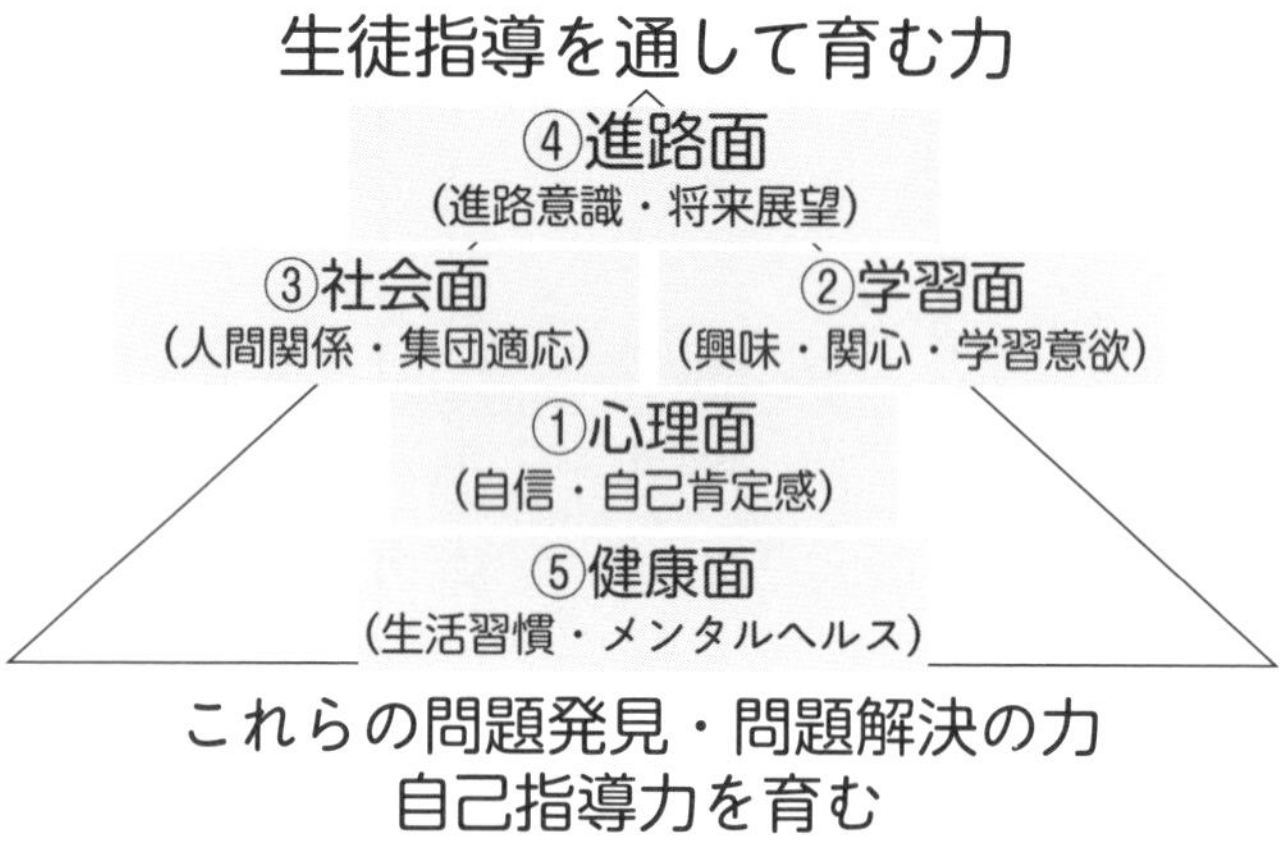
生徒指導を通して育む力
④進路面
（進路意識・将来展望）
③社会面
（人間関係・集団適応）
②学習面
（興味・関心・学習意欲）
①心理面
（自信・自己肯定感）
⑤健康面
（生活習慣・メンタルヘルス）
これらの問題発見・問題解決の力
自己指導力を育む

令和4年12月、生徒指導提要が12年ぶりに改訂されました。そこでは生徒指導の目的を以下のように定義しています（※1）。

> 生徒指導とは、児童生徒が、社会の中で自分らしく生きることができる存在へと、自発的・主体的に成長や発達する過程を支える教育活動のことである。なお、生徒指導上の課題に対応するために、必要に応じて指導や援助を行う。

生徒指導はルールに従う画一的な生徒を育てるのではなく、生徒一人ひとりの自己実現に必要な力を育むプロアクティブな指導（事前指導）です。発達を支えるとは、①生徒の心理面（自信・自己肯定感等）だけではなく、上の図の②〜⑤の発達を含む包括的なものであることも示されています。またこれらを生徒自身の力で達成するための問題発見・解決の力や自己指導能力を育む必要性も述べられています。

これらの力を育むためには

> (ⅰ) 生徒の話を聴き、多面的な視点で内面をみる。
> (ⅱ) 問いかけながら考えを促す。
> (ⅲ) 自己決定する機会をつくる。
> (ⅳ) 実行する場をつくる。

という一連の活動を繰り返し行うことが重要です。特に（ⅰ）を通して信頼関係ができると、生徒の姿が変わります。一人ひとりに応じた言葉、励ましや共感は生徒指導に欠かせない要素です（詳細は本章「「ありがとう」「嬉しいよ」をフル活用して主体性を引き出す」（p.184）を参照）。各教科での学習、道徳や特活、総合での学び、行事と関連させながら指導することも欠かせません。ルールや校則は、生徒自身が自分の行動や生き方を考えるきっかけとして捉えましょう。

生徒の内面をみる

生徒指導も授業づくりと同様に、出発点は生徒を見ることからはじまります。奈良女子大学附属小学校の著書『創造的学習の要件』には、創造性を育てる教師の要件が以下のように書かれています（※2）。

創造性を育てる教師とは、つまり子どもをていねいに見る教師である。子どもを見なければ、教育は少しも動くことができない。
子どもを見るということは、ただ見るのではない。「この子をどうしたらいいか」ということにおいて見るのである。「この子をどうしたらいいか」は、この子どもの中につかむより道はない。

教師が教えたいことを生徒に教え込むために生徒を見るのではなく、生徒から学ぶ姿勢をもち、教師自身がもっていない見方や考え方、価値観に触れて人間理解を深めることが大切です。

問題行動として見える言動にも、その生徒なりの理由と文脈が必ずあります。教科担任制の中学校では、関わる生徒全員とじっくり向き合う時間を確保するのは難しいかもしれませんが、例えば以下のようなことは始められると思います。

- **生活ノート等を通して生徒の生活の様子をつかみ交友関係を探る。**
- **気になることは直接話を聴く。**
- **生徒のちょっとした変化に敏感になる。**

生徒たちが様々な形で発するメッセージを捉え、一人ひとりに応じた対応ができるよう心がけましょう。

【参考・引用文献】
（※1）文部科学省（2022）「生徒指導提要」p.13
（※2）奈良女子大学附属小学校学習研究会編（1968）『創造的学習の要件』（明治図書）pp.180-181

一斉指導と個別指導を使い分ける

その言葉はその生徒に届いているか

言葉は生徒指導の要の1つです。どのようなタイミングでどんな言葉をかけるかの判断は、指導の生命線を握ります。

初任の頃、判断を誤り生徒たちを傷つけてしまった苦い経験があります。

Kさんは自分の衝動を抑えるのが苦手な生徒でした。声を上げてしまったり周りの友達にいたずらをしたりを繰り返していました。危機感を覚えたわたしは何度もKさんの行動を叱りましたが、効果はありませんでした。

ある日、クラスの生徒にこんなことを言われました。

「先生はどうして、いつもわたしたちを怒っているんですか？」

わたしは驚きました。クラスの生徒たちを叱っているつもりはなかったからです。そのとき「指導が必要な生徒に響かない指導をして、Kさんも周りの生徒たちも傷つけていた」事実に初めて気づきました。また、Kさん自身の成長を願うというよりも、この行動を何とかしなければという教師中心の視点で指導していたこともわかりました。

生徒指導では、その生徒の成長を願った、その生徒に響く指導方法をカスタマイズする必要があることを、心にとめておきましょう。

「一斉指導」「個別指導」の使い分け事例

人は知識ではなく感情で動きます。一斉指導も個別指導も、生徒の感情を動かすことが重要です。一斉指導は限られた時間で多くの情報を共有したい場面、学校行事の後などの集団の高揚感を生かしたい場面で効果を発揮します。個別指導は一人ひとりに応じた問いを基に対話し、考えを促したり自分の行動を冷静に振り返ったりする場合に適しています。生徒に応じて対応は変わりますが、基本的な指導の流れを以下に挙げます。紙面の都合上、個別指導の具体例は誰かを傷つける等の生徒指導案件に絞って紹介します。

一斉指導が効果的な例

「プラスのフィードバックを基本とし、緊急の場合は毅然とした指導を行う」

①集団的成長や共通認識を高める場面

（例1）行事後の振り返り……集団の高揚感を生かし、成果と成長を共有する。

（例2）授業中のフィードバック……授業の場面でも、生徒の名前をたくさん登場させる。

②緊急を要する対応が必要な場面

（例1）生徒に危険が及ぶ場面……生徒の安全確保を第一優先に指導する。

（例2）被害者・加害者・傍観者が明確な案件（いじめに関すること）……事実確認は個別指導、全貌が見えたら一斉指導を行う。

（例3）SNS関連のトラブル……複数の生徒たちが関わる場合は全体に注意喚起し、巻き込みや二次被害を防ぐ。

個別指導が効果的な例
「生徒を責めずに、問いかけを基本とする」

①一人ひとりの行動の背景を探る場面
（例1）トラブルの事実確認……加害者と被害者の双方個別に聞き取りを行う。
（例2）対立の背景調査……理由を聞き取り、その行動に至った原因を探る。
②心の成長を促す場面
（例1）生徒の自覚を促す……問いかけを通して、自身で自己理解を深めさせる。
（例2）共感力を育む……質問をし、相手の立場での視点をもてるようにさせる。
③自己肯定感を高めて未来志向を促す場面
（例1）これからの目標設定……「これからどうしていきたい？」等と質問し、生徒自身が自分の未来を想像できるようにする。

（例2）プラスのフィードバック……今まで頑張ってきたことを具体的に伝え、生徒の頑張りを認めて前向きな姿勢を引き出せるようにする。

個別指導の基本的な流れ

「生徒の明るい未来に焦点を当てる指導を基本とする」

ステップ①事実を確認する

・複数の聞き取りを基に事実を明らかにする。

・食い違いがある場合は「明確なこと」と「わからないこと」をはっきりさせる。

ステップ②行動の理由を問いかけ、相手の思いを考える機会をつくる

・これまでに見えたその生徒のよさを伝え、行動の理由が知りたいと伝える。

・「なぜ○○さんにこの発言をしたのか」「○○さんはどんな気持ちだと思うか」等の質問で行動と本人の思いを確認し、相手の思いを想像するよう促す。

・「ならぬものはならぬ」毅然とした態度を保ちつつ、生徒の背景に配慮する。

ステップ③今の自分が好きか問いかけて、明るい未来を描けるようにする

・どのような自分でありたいか、これからどうしていきたいかを問いかける。

・教師の思いを伝える（自分・相手・社会の幸せにつながる行為かが判断基準）。

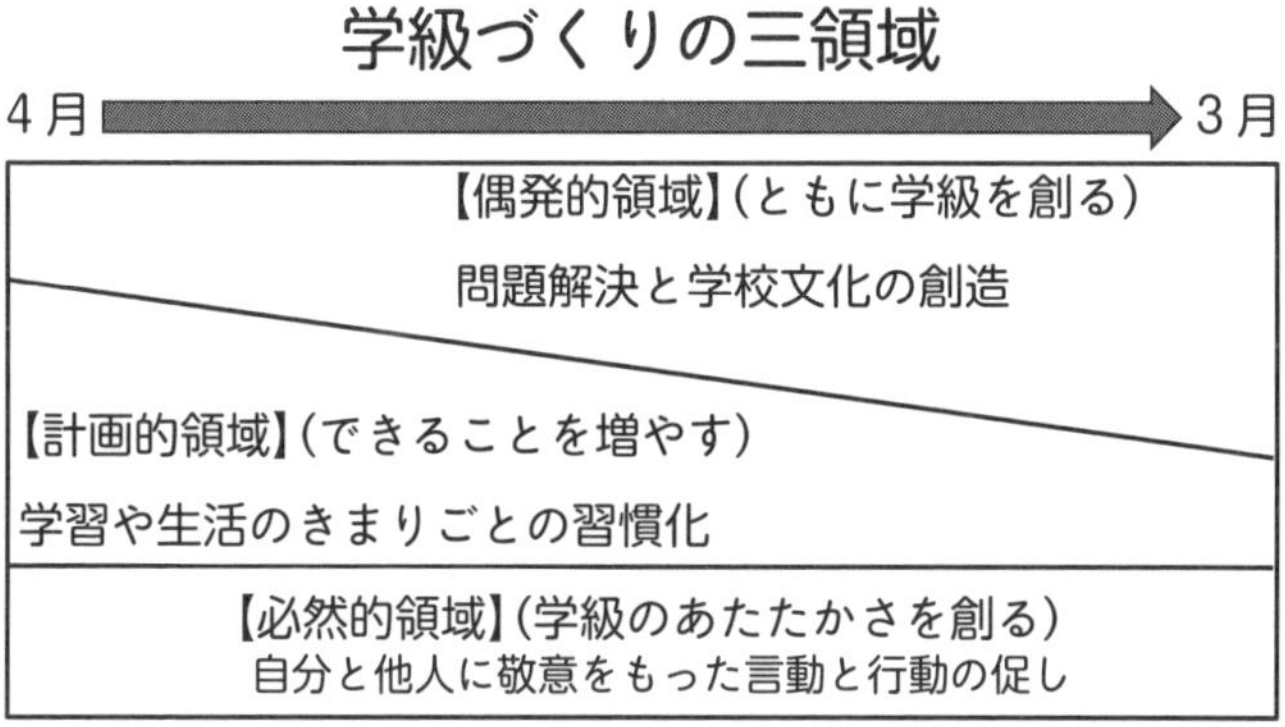
学級づくりの三領域
4月
3月
【偶発的領域】（ともに学級を創る）
問題解決と学校文化の創造
【計画的領域】（できることを増やす）
学習や生活のきまりごとの習慣化
【必然的領域】（学級のあたたかさを創る）
自分と他人に敬意をもった言動と行動の促し
『学級経営の教科書』（白松、2017）をもとに筆者が加筆・修正

必然的領域の確立が心理的安全性につながる

白松（２０１７）は学級経営を「学習指導のために条件を整備する」「児童生徒とともに人間関係や文化を創る」という2つの潮流に分け、生徒指導との関係も踏まえて上記のような図に整理しました（※）。心理的安全性を高めるためには「必然的領域」を確立することは欠かせません。そして同時に「計画的領域」「偶発的領域」を見据えた一斉指導・個別指導を継続して行うことが、生徒一人ひとりの成長を促し集団を成長させる鍵なのです。

【参考文献】
（※）白松賢（２０１７）『学級経営の教科書』（東洋館出版社）pp.16-29

試し行動を見抜く目を養う

どれが生徒の本当の姿か

入学して間もない頃、多くの生徒は担任の姿をよく見ています。自分から進んで近づいてくる生徒、自分からは近づかずに様子を見ている生徒等、関わる距離は様々です。この時期は相手の出方をうかがう「試し行動」と言われる行動が出る時期でもあります。

ある年、Ａさんという生徒と出会いました。入学式当日から友達に「死ね」「うざい」を連発する。すれ違いざまにお尻をたたく等、人に対する行動が気になる。授業中はタブレットを取り出してゲームで遊ぶ。周りの生徒に小学校の頃の様子を尋ねると、Ａさんは小学校から同じような行動を繰り返しよく怒られていたと返ってきました。

4月上旬に、Ａさんが関わった対人関係のトラブルが起こり、わたしは担任として保護者に電話をすることになりました。ご自宅に電話をしたところ、あいにく保護者はおらず本人が電話に出ました。かなり礼儀正しく、大人と言われても通用する対応でした。学校の姿とは大違いです。さて、どちらがAさんの本当の姿でしょうか。

わたしはどちらも本当の姿だと理解し、Aさんに対して以下のように見立てました。

①幼少期から保護者が忙しく、叱られるときが一番話をきいてもらえる生育環境。
②普段の保護者は厳しく、家ではあまり甘えられない。
③コロナ禍で幼少期に友達と関わる機会を奪われ、友達との関わり方や距離感をうまくつかめないまま進級している。
④自分の周りにいる一部の人から偏った見方で観られ続けてきている。
⑤叱られた経験が多く、自分にあまり自信がないが、それを知られたくない。
⑥ありのままの自分をみてもらいたいが、それを否定されるのが怖い。

攻撃は最大の防御と言われます。入学当時の一見粗暴に見える行動は、自分を守るための手段ではないかと考えました。そしてこの見立てを基に、以下の点について心がけて対応しました。

（i）指導は短く簡潔に、普段の生活では笑顔でじっくり話を聴く。
（ii）指導では「あなた自身ではなくこの行動が」にこだわり、行動理由を尋ねる。
（iii）小さな変化を見逃さずその場で「〇〇してくれて嬉しい」と喜びを伝える。
（iv）普段の生活の中で「あなたを大切に思っている」ことを伝える。
（v）普段あまり話していない友達と話す機会を意図的につくる。

特に（i）と（ii）は徹底しました。友達とのトラブルの際は質問を繰り返して自問自答できる環境をつくりました。Aさんは少しずつ落ち着き、優しいジャイアンのように友達と接するようになりました。友達との関係や学習への姿勢も大きく変わりました。

試し行動は人をみるフィルター

生徒はいきなり中学生になるのではありません。赤ちゃん、幼児期を経て小学生、中学生へと成長していきます。そしてその過程で試し行動をとり、受け容れてもらう温かさと喜びを経験し、自分が愛されているという実感をもちます。一方で、何らかの理由で自分が愛されている実感がもてなかった場合、自分が納得する行動を相手がするまで試し行動を繰り返します。その過程で誤学習が起こると、一見相手の神経を逆なでするような行動を取るようになることが多いようです。誤学習が起こっていると判断できる場合は、それを改善できるような関わりが求められます。

現代では家庭環境や生育環境が多様化し、発達障害や愛着障害といった生徒の実態も多岐に渡っています（※）。**大切なのは、生徒を点ではなく線で捉えるということ。**その場の生徒の行為だけで判断せずに、家庭環境や友達関係等、その生徒を取り巻く関係性にも目を向けて判断するよう心がけましょう。

教師自身が試し行動を見抜く目を養うとともに、困ったときは校内外の特別支援教育の知見に長けた先生に相談して生徒の様子を見てもらいましょう。抱え込まずに複数の目で多面的に生徒をみることが、生徒自身の幸せを紡ぐ鍵となるでしょう。

【参考文献】

（※）米澤好史（２０２２）『愛着障害は何歳からでも必ず修復できる』（合同出版）

「ありがとう」「嬉しいよ」をフル活用して主体性を引き出す

ほめることは本当に生徒の育ちにつながるのか

教育に携わるようになり「ほめて育てる」という言葉と出合いました。確かに、生徒に対してプラスの言葉がけをすることは、生徒の成長にとって大切だと思います。ただ、一部「本当かなぁ」と思っていました。

ほめるということは、生徒の行動の善悪をわたしの基準で判断することであるように感じたからです。自分の基準で物事を判断するのではなく、周りの大人の基準で判断する生徒になるのではないか、という懸念を抱いていました。

野田・萩（1989）は、ほめられ続けた生徒は以下のような事柄に関心をもつようになると警鐘を鳴らしています（※1）。

①「人々のために私がすべきことは何か」を考えるのではなく「人々に向かって何をすればほめてもらえるか」を考えるようになる。
②他者への関心が薄くなり自分への賞賛に対する関心が高まる。
③ほめられることは自分の当然の権利と考え、努力しても賞賛が得られないと周囲の人たちに怒りを覚えるようになる。
④ほめてくれる人がいないときは適切な行動を取れなくなる。

人とともに生きることは、常に様々な問題とぶつかることです。問題の解決を通して相手の苦しみや悲しみに寄り添い、人に貢献できることは大きな喜びとなります。しかし、そのときのベクトルが相手ではなく自分ばかりに向いていると、自分の軸ではなく相手の軸で問題解決の価値が決まることになります。つまり、相手が自分をほめてくれる人でなければ幸せを感じられないということです。生徒が自分の軸をもって生きていくためには、自分の行動や考えの善悪を自分で判断する力を養う必要があるのではないでしょうか。

感謝と喜びを伝える

赤坂（２０１６）は心理学の「モラル・ライセンシング」の原理に基づき、次のような心理現象と子どもたちの姿を結びつけて示しています（※２）。

・モラル・ライセンシングとは「よいことをすると悪いことをしたくなる」心理現象のことである（募金をすると不必要な買い物をしたくなる、サラダを食べるとハイカロリーなものが食べたくなる等）。
・子どものある行動を「よい」行動としてほめると、悪い行動を正当化するきっかけをつくる可能性がある。
・これを避けるためには、子どもの行動に対して教師の喜びを伝えることである。

モラル・ライセンシングは、飲食店や販売店等様々な場面で応用されています。この心理作用が働くと、目標の達成が遅れる、活動が停滞する等様々なデメリットが生まれることがあります。

一方で、生徒が一般的によいと思われる行動、例えば廊下に落ちているごみを拾ってくれたとき、落ち込んでいる友達を励ます姿が見られたとき、何か声をかけたくなるでしょう。そんなときは、どのような声かけをすればよいのでしょうか。

野田・萩（1989）は、キーワードとして**「勇気づけ　認識反射　共感」**を挙げています。ほめる・叱るは教師と生徒が縦の関係であるということです。一方で、感謝する・喜ぶことは両者が横の関係であることを示しています。生徒と同じ目線に立ち、相手に貢献できた、役に立てたという生徒の喜びに共感して、生徒と一緒に喜ぶのです。わたしはこのような感じで話をします。

> ①「え、こんな小さなゴミ見つけられるんだ！」
> ②「嬉しいなぁ、拾ってくれて。わたし気がつかなかったよ。ありがとう」
> ③「○○さんがこうやってゴミを拾ってくれるから、最近廊下がきれいなんだね」
> ④「気づく力が育っているんだね。○○さんすごいよってみんなに自慢したいな」

①は勇気づけと認識反射です。小さなゴミを見つけた行動をそのまま認めて驚きを言葉

に込めています。②は共感です。相手の行動に対する気持ちを率直に伝え、感謝の気持ちを共有しています。③は認識反射と共感です。生徒の行動が廊下をきれいにしているという影響を伝え、行動への感謝と共感を示しています。④は勇気づけです。相手の成長を伝えることで自信がもてるように声をかけています。

生徒同士でも感謝と喜びを伝え合う

この原理は、教師だけではなく生徒同士でも有効です。生徒同士が「ありがとう」「嬉しい」を伝え合える場をつくります。生徒たちの感情が高まっているタイミングで場を設定すると効果が高まります。

例えば、体育大会や合唱コンクール等、行事を終えたあと。日々の練習を積み重ねてきたあとは、結果がどうであれ達成感とともに感情が高まっていることがほとんどです。悔しい結果に終わると泣いてしまう生徒もいます。このタイミングで以下のような視点で振り返りをします。

・「隣の（前の・後ろの）席の友達が一番輝いていたのはどの場面だろう」
・「みんなのためにがんばってくれたのは誰だろう」
・「一番長い時間がんばってくれたのは誰だろう」
・「苦しかったときに自分を（仲間を）支えてくれたのは誰だろう」
・「仲良しだからだけではなく公平に接して力を尽くしてくれたのは誰だろう」

具体的な視点をもって互いに感謝と喜びを伝え合うことで「これからもがんばろう」というモチベーションが上がり、主体的な行動へとつながっていくのです。

【参考文献】

（※1）野田俊作、萩昌子（1989）『クラスはよみがえる　学校教育に生かすアドラー心理学』（創元社）p.118, pp.120-121
（※2）赤坂真二（2016）『学級集団づくりとアドラー心理学とクラス会議と』（明日の教室DVDシリーズ49）

ヒドゥンカリキュラムを見つける

ヒドゥンカリキュラムとは何か

以前職員室で学年の先生と話していたとき、荒れていた時代に生徒のどこに注目していたかという話題が出ました。

「行動科学」「心理学」「行動心理学」等、心と行動を関連付けて研究する学問はたくさんあります。心は目に見えませんが、行動を観察することで内面を理解できます。「割れ窓理論」のように、環境が心に及ぼす影響も見逃せません（※1）。

みなさんは普段、生徒のどのような行動に着目しているでしょうか。わたしが主に見ていることを「個人」「教室環境や集団」に限定して10項目ずつ挙げてみます。

【個人】
①上履き　②靴箱の上履きを入れる場所　③ロッカーの中の本の様子　④机の中
⑤使う言葉　⑥友達への態度　⑦ノートに書く文字の大きさや濃さ、丁寧さ
⑧給食当番や掃除への取組　⑨声の大きさや高さ　⑩目線

【教室・集団】
①トイレのふた、便器やサッシ　②教室のゴミ　③机やいす　④ロッカーの上
⑤掃除用具の中　⑥移動教室後の教室の様子　⑦提出物の出し方　⑧教室の備品
⑧朝の会や帰りの会の様子　⑨教室入り口のレール　⑩名前シール等のはがれ

ヒドゥンカリキュラムとは「隠れたカリキュラム」とも呼ばれる隠れたメッセージです。文部科学省は、隠れたカリキュラムを「教育する側が意図する、しないに関わらず、学校生活を営むなかで、児童生徒自らが学びとっていくすべての事柄である」と定義づけています（※2）。ただこの定義の明示化前から、現場ではこれらの荒れの予兆は代々受け継がれているようです。時代が変わっても人をみる視点は変わらないのかもしれません。

ヒドゥン・カリキュラムを見つける技術

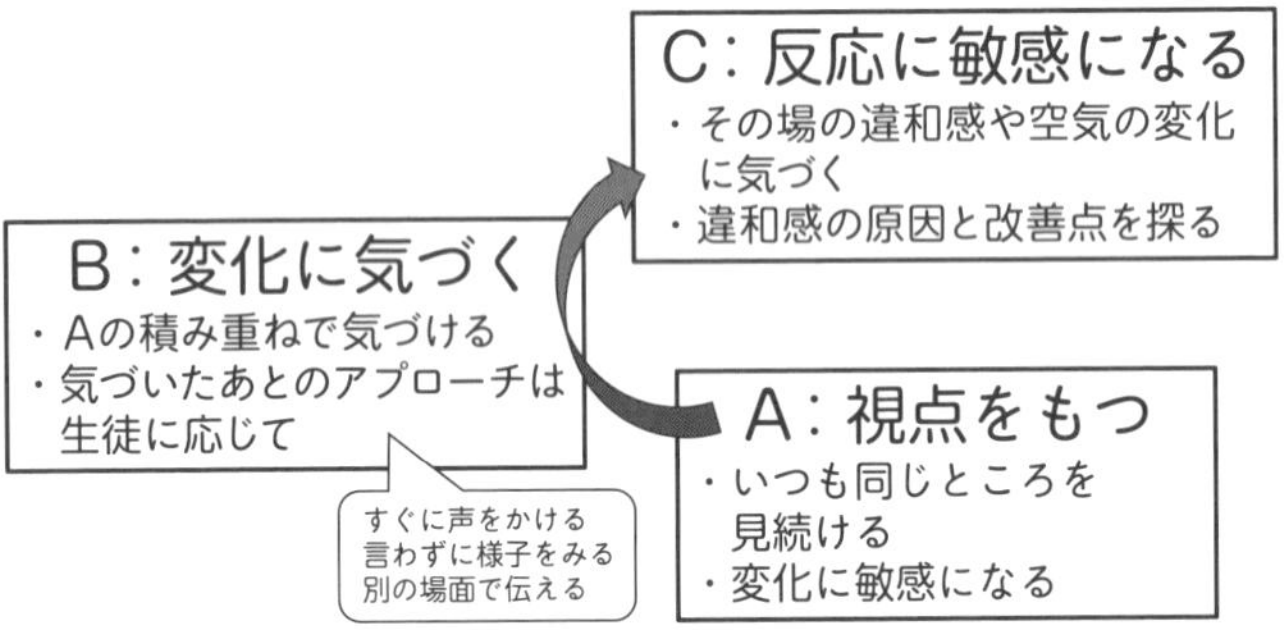

C：反応に敏感になる
・その場の違和感や空気の変化に気づく
・違和感の原因と改善点を探る
B：変化に気づく
・Aの積み重ねで気づける
・気づいたあとのアプローチは生徒に応じて
すぐに声をかける
言わずに様子をみる
別の場面で伝える
A：視点をもつ
・いつも同じところを見続ける
・変化に敏感になる

ヒドゥンカリキュラムを見つける技術

これらを見つけるためには「視点をもつ」「変化に気づく」「反応に敏感になる」ことが大切です。

横藤（２０１４）は荒れていく学級や学校には、教師が意図も意識もせずに伝え続けている教育的内容があることを述べ、その隠れたカリキュラムに光を当てることで実践の改善や強化が容易になることを主張しています（※３）。前ページの①～⑩のような視点をもつことで、何となく眺めている状況から定点観察が可能になります。通常の状態を把握しているからこそ、普段とは異なる変化に気づくことができます。生徒が普段と異なる反応をしたときも同様です。きめ細やかな見取りと適切な対応が鍵となります。

大切なのは「三方よし」の感覚

ヒドゥンカリキュラムは、教師の言動や雰囲気を含む「人としての在り方」そのものです。どこを向いて生きているか、何を大切にしているか、生徒たちは敏感に感じ取ります。生徒たちの心理的安全性と幸せを保障するためには「我よし、人よし、社会よし」の三方よしの感覚が大切でしょう。教室の荒れを防ぐという目的の先にある、生徒や学級・学校の幸せ、担任の幸せを実現できる環境づくりを目指しましょう。


【参考文献】

（※１）G.L. ケリング、C.M. コールズ、小宮信夫監訳（２００４）『割れ窓理論による犯罪防止　コミュニティの安全をどう確保するか』（文化書房博文社）

（※２）文部科学省（２００５）「人権教育の指導方法等の在り方について」（第１章第１節３人権感覚の育成を目指す取組）

（※３）横藤雅人・武藤久慶（２０１４）『その指導、学級崩壊の原因です！「かくれたカリキュラム」発見・改善ガイド』（明治図書）p.3

生徒の心を開き可能性を広げる「雑談力」

生徒からの手紙で見える教師としての自分

今の中学生はデジタルネイティブと呼ばれますが、節目には手紙を書いてくれます。読ませてもらって驚くのは、生徒たちは些細なことやかけた言葉までよく覚えていることです。副顧問をしていた部活のFさんからは、異動の際にこんな手紙をもらいました。

> 心に残っていることの1つは2年生不在でチームをまとめなければいけないときに相談したら「Fさんはどうしたいの?」「1回話し合った方がいいんじゃない?」ときかれたことです。（中略）グチャグチャの感情が少しずつ晴れていきました。
> 一番印象に残っている言葉は、チームの子が突然泣いてしまったときに一緒に寄り

添っていたら「Fさん優しいよね」とその泣いていた子に共感を求めるように言ってくれた言葉です。その言葉を言われた瞬間に実は泣きそうになったんです。多分私はあの時自分でも気づいていなかったけれど、何かが限界に近い状態だったんだと思います。そんなときにかけてくれた言葉が本当に救いでした。

この手紙は、便せんにぎっしり3枚書かれていました。このとき、わたしは自分の専門外の部活の副顧問をしていたため、技術的なことは何も指導できませんでしたが、そんなわたしでもFさんの支えの1つになれたように感じて、とても嬉しく思いました。

生徒理解を深める鍵は雑談にあり

生徒を変える言葉はその生徒に応じて異なります。目の前の生徒が求めていることや困り感、生徒が普段から大切にしていることや性格等、多様な要素が絡みます。生徒のすべてを知ることはできませんが、その一端を垣間見ることができるのが雑談です。

登校前や昼休み、放課後等、時間的な余裕があるときは、できるだけ生徒たちに声をかけるようにしています。普段の何気ない会話からたくさんのことが見えるからです。特にアンテナを張っているのは「この生徒の喜びはどこにあるのか」、「この生徒の支えや誇りは何か」、そして「家族との関係」です。視点をもって話題を振ることが大切です。

雑談を通して「解放の窓」を広げる

前述の3つの視点をもって雑談をしていると、今まで見えていた生徒の姿とは異なる姿が見えることがあります。

例えば、Fさんは大人しい印象をもっていましたが、小さい頃からスポーツ少年団で活動し、元気で活発な人だったとわかりました。ただ、中学校に入ってから伸び悩み、今までの自分と今の自分、なりたい自分とのギャップに悩んでいたようです。物事の影の部分に目が向きがちな人だと思いましたが、心の底ではもっとがんばりたいし、もっと自分を好きになりたいという思いをもっていました。

次ページの図は1955年に心理学者のジョセフ・ルフトとハリ・インガムが発表した「ジョハリの窓」という考え方を図式化したものです（※）。生徒から話をきくことは「秘

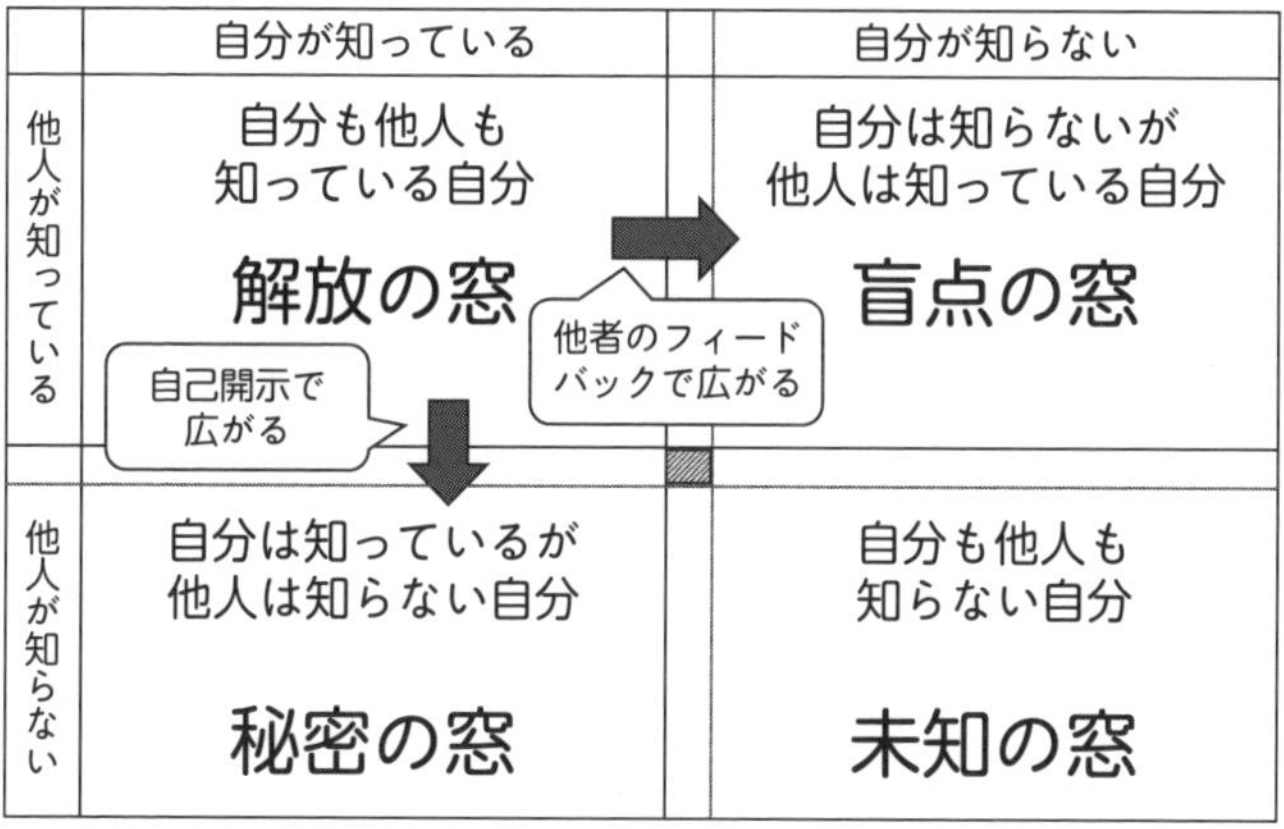

密の窓」を、生徒の前向きな姿や教師の気づきを伝えることは「盲点の窓」を解放の窓へと変えることにつながります。面白いのは、解放の窓を2方面から広げることで「未知の窓」、つまり自分も相手も知らない自分に出会える可能性が広がることです(図の斜線部分が広がる)。雑談といえども、言葉のかけ方と心がけ次第で生徒の心を上向きにして可能性を広げる力をもっているのです。

【参考文献】

(※)グラバア俊子、小山田奈央(2008)「実習　心の四つの窓　ジョハリの窓を活用する」(『人間関係研究』第7号、南山大学、pp.161-173)

いつでもご機嫌で一貫した自分をつくる

一貫した自分でいることは難しい

「一貫性」は人と人とが信頼関係を結ぶうえで大切な要素の1つです。立ち振る舞い、使う言葉、行動から見える在り方や生き方に筋が通っていれば、たとえ間違ったことでも人は納得して動きます。歴史の残る人物の多くは信念を軸とした一貫性がある人です。

一方で、人は常に変化する生き物でもあります。新しい人と出会ったり考えに触れたりしたら感化されますし、周りの人との関わりによって気分がよくなったり悪くなったりします。空の天気が日々変化するように、環境に応じて変化するのは当たり前です。つまり一貫性をもつということはかなりの無理難題を強いられていることになります。人としての変化と一貫性を両立させるために何が必要なのでしょうか。

「大切にしたいこと」を言語化する

人間は言葉を介して思考を深めます。W・J・オング（1991）は、話し言葉と書き言葉の違いを指摘し、

書くことは、知識を、生活経験から離れたところで構造化する

ことであると述べています（※1）。自分が生きていくうえで大切にしたいことや育てたい生徒の姿を言葉にしてみましょう。言葉にすることで無意識の感覚を意識化できます。自分の考えの揺れやぶれにも気づけます。

自分のためだけに書くのは難しい人は、誰かに見られる環境をつくるとよいでしょう。わたしは20代の頃、毎日ブログを書いていました。また、学級通信を定期的に出すこともよいでしょう。自分の姿を自分で見るためには道具が必要です。文字にすることは自分の姿を自分で見るための手段の1つなのです。

自己理解を深めると心をコントロールしやすくなる

具体的な事実を綴っていると、「自分はこんなときに喜びを感じる」「ここは許せなかったんだな」「余裕がないと怒りの沸点が低くなるな」等の自己理解が深まります。感情の起伏が激しい場合は要注意。生徒は幼い頃から大人たちの気持ちの揺れに敏感ですので、感情の起伏が激しい大人が身近にいると、生徒自身が不安定になります。そのような大人からは物理的な距離を置く生徒もいます。教師自身も生徒たちにとっての安全基地になれるよう、安定した自分でいることを心がけたいものです。

とはいえ、日々いろいろなことが起こり仕事と家庭との両立が求められる中で、一貫した自分をつくることは大変です。４月の初めに「先生はこんなことをされると機嫌が悪くなります」「ここだけは譲れないよ」という限度を示したり、「朝こんなことがあってイライラしててごめん、きいてくれる？」（大抵「やだー」と返ってきますが…）等と自己開示したりしながら、感情が揺れる自分を受け容れて生徒たちとの生活を楽しむことも大切です。弱い部分も受け止めている人間らしい人の方が、生徒たちに愛されます。

常に見られている意識をもつ

以前、研究が盛んな小学校に勤務していたときのことです。異動してすぐに行った研究授業の翌日、クラスの子どもに言われた忘れられない一言があります。

「先生、何で昨日はいつもより怖い顔してたの？　緊張してた？」

まだあどけない、小学校３年生の言葉です。出会って日が浅いのに、こんなにもよく教師を見ているんだ、と驚いたことを覚えてます。

中学生もわたしたちの姿をよく見ています。異動が決まったときにもらった担任クラスの生徒の手紙には、こんなことが書いてありました。

「授業でも廊下でも、いつもにこにこしていたので友達感覚で話せました」

この「にこにこしていて」という言葉は、教科担任をしている生徒からも言われました。わたしが普段意識しているのは、口角を上げることです。人は意識が行動に表れると思われがちですが、実は行動が意識をつくるという考え方もあります（※２）。また、口角を上げることで、癒やしホルモンのセロトニンが分泌されることも期待できます。朝起きて鏡を見たときに笑顔の練習をすることもおすすめです。自分の顔を一番よく見ているのは他人。笑顔を意識することで自分も相手もちょっと幸せになれるなら、やらない理由はありません。

わたしたちの顔は、日々の感情によって創られています。目尻のしわは、いつも笑っている人にできるので笑いじわと呼ばれています。20世紀のファッション界をリードしてきたココ・シャネルは、こんな言葉を残しています。

「20歳の顔は自然からの贈り物、30歳の顔はあなたの人生。でも50歳の顔はあなたの功績よ」

50代のあなたはどんな顔をしているか、想像してみましょう。日々の表情を少し意識するだけで、あなた自身が子どもたちの安全基地になることができますよ。

【参考文献】

（※1）ウォルター・J・オング、林正寛訳、糟谷啓介訳（1991）『声の文化と文字の文化』（藤原書店）p.94

（※2）「やる気にさせる心理学」https://www.yaruki-lab.jp/yarukinisaseru01/

第６章

学級指導を最大化する保護者との関係づくり

保護者を「同志」としてみる

保護者も「生徒の成長」を願っている

みなさんは、保護者対応ときくとどのようなイメージをもつでしょうか。「しんどい」「面倒」等のネガティブなイメージがある人もいるかもしれません。わたしも以前は、ちょっと大変だな…という思いを抱いたこともあります。

しかし、今は保護者と話をするのはとても好きです。理由はこの一言に尽きます。

> **生徒の成長をともに喜ぶことができる**

生徒の学校でのおもしろエピソードを伝えると、保護者はいつも嬉しそうな顔をして一緒に笑ってくれます。口癖や印象的な表情を伝えると、「うちでもそうなんですよね」と言いながら、わたしも知らないエピソードを教えてくれます。

保護者も教師も同じ人間

わたしたちは、人を「保護者」「教師」とラベリングして見がちです。でも、わたしたちも保護者も、同じ人間です。大変なことがあればキャパシティが狭くなるし、生徒の成長が見られたら純粋に嬉しいのです。

教師として節度をもって接するだけでなく、保護者を1人の人間として接するように意識してみましょう。生徒の成長をともに喜び、子育ての難しさや悲しみには寄り添う。仲間に接するように丁寧に対応すれば、多くの保護者は心を開いてくれます。

合わせて大切なのは、公教育としての判断と線引きです。誰に対しても同じように対応することができるか、学校としてできることとできないことは何か。公を踏まえたうえで人間同士の付き合いをすれば、学校に対してネガティブな印象をもっている保護者も少しずつ歩み寄ってくれますよ。

全員参加の授業参観で保護者の信頼を獲得する

保護者は我が子を中心に授業を見ている

今までの勤務校の多くは、4月に授業参観があり、5月に二者面談（コロナ禍前は家庭訪問）がありました。保護者は、一度授業の様子を見てから担任と1対1で話すという流れです。二者面談で保護者から言われた、印象的な一言があります。

「うちの子が授業で発言するの、初めて見ました」

小学校で一度も発言しなかった自分の子が初めて、発言する姿を見たというのです。

これをきいて、**授業参観で保護者は教師ではなく我が子を中心に見ている**のだと確信しました。

このときの授業は、わたしとしては決して満足いくものではありませんでした。改善点もたくさんありました。でも、保護者からは高評価でした。

このとき実施した授業は学級活動、クラス会議。話し合いの前に互いの「嬉しかったこと」「ありがとうと言いたいこと」等の近況報告をして拍手をもらうという、上越教育大の赤坂真二先生の実践をアレンジした内容です（※）。授業参観1週間前の学活でクラス会議の意味を確認し、授業参観本番は話し合いのルールを決めようという内容でした。

いくつかの小学校が一緒になることが多い中学校。授業参観で緊張しているのは保護者も同様かもしれません。自分の子が友達の前で発言して拍手で認められる姿が、保護者の緊張をほぐすとともに安心感を醸成するきっかけになったのでしょう。そのあとの二者面談でも、多くの保護者から「安心しました」「授業参観とてもよかったです」等のご感想をいただきました。保護者の心を掴むことは目的ではありませんが、そのような言葉から仕事へのモチベーションが高まったのも事実です。せっかく授業参観を行うなら、生徒同士が前向きに関わり合う姿を見てもらえる授業を選びましょう。


【参考文献】

（※）赤坂真二（2014）『赤坂版「クラス会議」完全マニュアル』（ほんの森出版）

二者面談では
エピソードを1つ用意する

我が子のエピソード＝「見ている」サイン

担任の先生にとって、1学期の二者面談の主な目的は、生徒一人ひとりの家庭での様子を知るためだと思います。

しかし、保護者の目的は異なります。多くの保護者の目的は、**担任の先生は自分の子をどのように見ているか**を知ることです。

二者面談の肝は生徒の具体的なエピソードです。出会って間もない時期に行われる二者面談で生徒のエピソードが出てくるということは、その生徒をじっくり見ているというメッセージを送ることと同じです。ヒドゥンカリキュラムの1つといってもよいでしょう。

カルテと生活ノートをフル活用する

わたしはここ最近、前述のカルテ（p.28）を作成して日常の記録を取っています。このカルテに生活ノートで得た情報を追記して、全員分の日常の様子を入力した状態で二者面談に臨むようにしています。

カルテの記録が抜けている生徒は、生徒側から担任に関わろうとしない場合がほとんどです。大人しくやるべきことはきちんとやり、提出物もすべて出している（提出物が出ていない場合は必然的に教師から話しかけますからね）。このような生徒には、わたしは生活ノートの記述を基に自分から話しかけます。楽しかった授業や好きなもの、おいしかった給食等、何でもＯＫ。タイミングは朝の会の前や休み時間等です。話しているときの様子、目の動きや笑いのツボ等を探り、二者面談に臨みます。

二者面談では、具体的なエピソードを保護者に伝えます。まずは自分が１つエピソードを話し「おうちではどうですか？」と家庭の様子を話してもらって、心配なことをきいて面談を終えます。生徒への愛情たっぷりにエピソードを話すと、多くの方は笑ってくれます。具体的な事実が、保護者との距離を縮めて信頼関係をつくる鍵なのです。

電話連絡は「指導事項＋プラス面」を伝える

指導事項が多い生徒の保護者は電話に出ない？

入学して1週間ほど経つと、少しずつ生徒たちの素が出てきます。1ヶ月経つと保護者に電話をしなければならない案件も出るかもしれません。その際、電話をしてもつながりにくいこともあります。なぜ電話がつながりにくいのでしょうか。

多くの保護者は、学校での我が子の様子を知りたいはずです。ただ一方で、このような感情もあるかもしれません。

「また先生から（自分の子の）悪いところを指摘される電話がきた」

耳の痛い話を進んで聞きたいと思う人はごく僅かです。我が子のことならなおさらでしょう。指導事項の多い生徒の保護者は小学校からずっと、そのような電話をたくさん受けているのかもしれません。

電話連絡では必ず１つよいエピソードを入れる

ここでもカルテが活躍します。指導事項の多い生徒ほど、普段からちょっとした成長をメモしたり本人に伝えたりを心がけるのです。ここで見つけるエピソードは当たり前のことで十分です。例えば「今週の教室掃除では、しっかり雑巾を絞って拭き掃除をやっていましたよ」「今日は生活ノートを出してくれて、頑張っている野球のことを書いてくれたんですよ」等です。見つからない場合は、仕事をお願いしましょう。「ちょっと頼ってもいい？」と言葉を置いたうえで頼みます。このときの仕事は誰でもできる簡単な仕事、例えば荷物をもってもらう、教室を出るときに電気を消してもらう等でＯＫ。それを保護者の方に伝えるのです。生徒の好きなものをリサーチしてそれに関わる会話をしてもよいですね。とにかく相手を「探る」こと。探るうちに生徒を取り巻く環境も見えてきて、その生徒がその行動を取らざるを得ない理由も見えてきます。生徒のことを深く知ることができ、その様子も保護者の方に伝えられて、一石二鳥です。

丁寧さを意識して保護者の心をつかむ

丁寧さは「あなたを大切にしている」メッセージ

「瀬戸山先生、電話応対うまいですよね」

ある先生から言われた言葉です。なぜかときいたところ、相手の怒りを買う可能性のある難しい案件で連絡をしても、最後は笑って終わるからだそうです。

わたしは決して冗談がうまいタイプではありませんが、心がけていることがあります。

どのような保護者でも、相手意識をもって丁寧に接する。

これは、保護者に限らず、人と接するうえでも大切なマインドです。

相手を探って心地よい時間をつくる

保護者にもいろいろなタイプの方がいます。頻繁に連絡がほしい方、あまり小さなことで連絡を入れてほしくない方など、様々です。まずは相手の保護者がどのようなタイプなのかを探り、心の距離を縮めることを目指します。「あまり頻繁に連絡しない方がいいですか？」「お電話がつながりやすい曜日や時間帯はありますか？」「下のお子さんのお世話もあって大変ですよね？」等の質問をし、およその生活サイクルを把握しましょう。家庭調査票で仕事や家庭の状況も見ておくとよいです。

電話は料金がかかり、相手の時間を拘束するという意識も忘れずに。こちらの用事で電話をかけ、保護者の方がかけ直してきた場合は「こちらからかけ直しますね」、かけ直した後は「少しお時間よろしいですか？」と伝えます。説明は簡潔に、自分の話は全体の4割程度（5分話すのであれば2分程度）になるようにしましょう。話の途中で「体調が悪くて…」という保護者の方自身の話が出たら、電話を切る前に「〇〇さんご自身もお大事にしてください」と労りの言葉をかけるとさらによいです。直接お会いできたときは「先日はお世話になりました」等と一言伝えると、心の距離がぐっと縮まります。

批判的な保護者を強力な味方にする

保護者の困り感と悲しさに寄り添う

「またうちの子が何か悪いことしたんですか？」

かなり前のことになりますが、4月中旬に初めて保護者に電話連絡を入れたときに言われた一言です。まだ授業参観も二者面談もない時期、この保護者の方と直接話すのは初めてでした。きっと今まで何度も、このような電話を受けてきたんだろうと思い、この日は事実を伝える前に相手の話を聴くことに徹しました。これは、

相手に今までの不満がたまっているときは、何を伝えても相手に届かない

からです。

大抵は、ひと通り話すとすっきりして、こちらの話を聞いてくれるようになります。学校に対して不信感をもっている可能性のある保護者には、伝える内容も伝え方も慎重にしましょう。

①具体的な事実（けがなどの場合はそのときの状況など）
②生徒に聞き取りをして確認できたこと ※聞き取りの進め方はp.178を参照
③（相手がいる場合は）聞き取りをして一致したことと一致しないこと
④指導の状況と生徒の様子
⑤今後の学校の方針

③④が特に大切です。③で生徒たちの話が食い違っているときは「○○は一致していますが△△は一致しませんでした」と私的な見解を入れずに、聞き取った内容を伝えます。④では聞き取りのときの生徒の様子を丁寧に伝えます。大切なのは、保護者の怒りを収めることではなく生徒が前向きな気持ちで仲間とともに学校生活を送れる環境をつくること。偏った見方や指導をしていないことが伝われば、保護者の心は変わります。

ケース別の対応を基に即応力を身につける

的確に質問に答える判断力を身につける

思わずため息が出る、生徒同士のトラブル。でもこれは保護者から信頼を得るチャンスでもあります。ピンチのときの的確な判断と対応は、信頼関係を深めてくれるのです。

今回は、比較的こじれやすいと言われる、いじめが疑われる案件を例にみてみます。電話をする前に、複数の生徒と面談をして事実の全容をつかむこと、目撃者がいる場合はその生徒にも話を聞くことが大切です。

① 「うちの子がやった証拠はありますか」

聞き取りの丁寧さが大切です。p.178を参考に聞き取り、生徒が話した言葉を事実として伝えましょう。生徒自身に「この話をそのまま保護者の方にするから、自分からも話してね」等と伝えておくことも大切です。

②「あの子いつも嘘をつくって小学校から有名ですよ」

保護者が相手の生徒に対して固定概念をもっているケースです。生徒同士の納得が大切なので、聞き取りの時間に相手の話に納得しているかを確認したうえで、その事実を伝えましょう。保護者の心を動かすのは、いつでも生徒の言葉と姿です。

③「うちの子だけじゃなくてみんなやっていますよ」

聞き取りで出てきた事実を伝えましょう。名前が出てきた生徒たちへの丁寧な聞き取りによる事実掌握と、生徒自身がその事実に納得していることが大切です。

④「相手の親に謝ってもらわないと気がすみません」

まずは保護者の話を丁寧に聞くことが大切です。話を聞きながら、主訴と怒りの原因を探ります。場合によっては両者の親子と学年職員で面談の場をつくる必要がありますので、学年職員とよく相談して進めましょう。

⑤「弁償はしてもらえるんですか」

ものが壊れた場合、破損状態の確認は必須です。安易にイエスと言わずに、相手の保護者に確認したうえで再度連絡することを伝えます。

生徒を信じる思いを共有する

明るい未来を語る

学校で保護者と会ったら、みなさんはどのようなことを語り合いたいですか？

人間には誰でも凸凹がありますが、目につくのはたいてい足りない部分です。その関係は光と影との関係に似ています。どの角度から物に光を当てても影が消えることはありません。影の部分があるから、光がよりまぶしく輝くのです。生徒を伸ばすうえで大切なのは影があることを指摘することではなく、その生徒の輝きを具体の姿で語ることです。

「〇〇さんはいつも、係からの連絡で『係としてのお願い』と『協力してくれてありがとう』をペアで伝えてくれるんですよね」

「〇〇さんが作った林間学校の思い出動画を見ました。コマ割りも丁寧でプロの仕事みたいです。学習のまとめで動画を作ったら、友達も後輩も喜んでくれるでしょうね」

不思議なことに、会うたびによさを伝えていると、多少の生徒指導案件が出ても厳しく問い詰められることはほとんどなくなります。「この先生はうちの子のよい面を見てくれている」「偏った見方ではなく公平に見てくれている」等の日常での些細な関わりが、保護者自身の安心感につながるのです。

指導案件が多い生徒の保護者には意識的によさを伝える

小学校の引き継ぎでなかなか電話がつながらないと書かれていた保護者がいました。中学校に入学して最初の指導案件が出たとき、電話でわたしは以下のように伝えました。

「いつもこのようなお話だと電話に出るのも嫌になっちゃいますよね。よいところもたくさんあるので、今度はよいところをお伝えするお電話を入れますね」

そのあと実際によさを伝える電話を入れたところ、その方は本当に喜んでいました。さらに、その生徒自身の学校生活も落ち着いてきたのです。生徒は大人の鏡。生徒の良心を信じて、その思いと未来を保護者と共有したいものです。

おわりに

ここまでお読みいただき、ありがとうございました。

本書のテーマ「心理的安全性」を支えるのは、人と人との豊かなつながりです。わたし自身も、「教育」をキーワードに出会った多くの方々とのかけがえのないつながりに支えられて、日々を過ごしています。


学生のわたしを学びの世界へと誘ってくれた諸先生方、先輩方と友人たち。

初任校で若造の言葉に耳を傾け、支え励ましてくださった亀田裕子先生、石田直行先生。

群大附属小、筑波大附属小で授業研究と子ども理解のイロハを教えてくださった先生方。

オンラインやSNSでつながらせていただき、いつも力強く支えて下さる皆様。

勤務校の温かい先生方。特に同じ学年の池田先生、木村先生、福津先生、横田先生。本書のために可愛らしいイラストを描いてくださった手賀結歌先生。

大好きな家族。

そして何より、今まで縁あって出会えた教え子と、担任として一緒に過ごす生徒たち。出逢ってくださったすべての皆様に御礼申し上げます。

本書を執筆するにあたり、特にお礼を申し上げたい先生が3名います。

上越教育大教授の赤坂真二先生。本書で挙げた参考文献以上に、多くのご提言から学ばせていただいております。ぶれない信念と多様性を包み込む柔らかな考え方、魅力的です。

関西学院初等部の宗實直樹先生。校種は異なりますが、教科教育へのこだわり、追究と学びを面白がる姿勢、子どもをみる目の深さ。すべてが学びになります。

北海道の公立中学校教頭の川端裕介先生。中学校教員としての在り方や温かさ、発想の面白さ。生徒への眼差し。つながりに心より感謝いたします。

最後に、企画から執筆中、校正に至るまで温かに寄り添い、的確な言葉で励まし、伴走し続けてくださった編集の安藤龍郎様に心よりの感謝を申し上げます。

本書がみなさまの種々の「つながり」をつくる、そのきっかけとなれたら幸せです。

2025年1月

瀬戸山千穂

【著者紹介】

瀬戸山　千穂（せとやま　ちほ）
1983年生まれ。群馬県公立小中学校，群馬大学教育学部附属小学校を経て，現在前橋市公立中学校教諭。子どもの心を育てる教育に力を注ぎ，文部科学省「私たちの道徳」平成28年度編集委員，道徳教科書編集委員等を務める。著書に『子どもが，授業が，必ず変わる！「一期一会の道徳授業」』(2016年，東洋館出版社)，実践は『道徳教育』（明治図書）等に多数掲載。

中１担任の学級経営
中１ギャップを防ぎ，心理的安全性を高める戦略・戦術

2025年３月初版第１刷刊 ©著　者　瀬　戸　山　千　穂
発行者　藤　原　光　政
発行所　明治図書出版株式会社
http://www.meijitosho.co.jp
（企画・校正）安藤龍郎
〒114-0023　東京都北区滝野川7-46-1
振替00160-5-151318　電話03(5907)6701
ご注文窓口　電話03(5907)6668
＊検印省略　組版所　株　式　会　社　カ　シ　ヨ

Printed in Japan　ISBN978-4-18-016446-2